# 考えることを楽しむと身につく力がたくさんあります！

★問題解決に役立つ
★ねばり強くとりくむ力を養えます！
★コミュニケーション力がつきます！

本書には、論理的に考えたり、注意深く観察したり、平面上のものを頭の中で立体化したりすることで答えにたどりつけるクイズが、多数収められています。こうしたクイズに挑戦することは、読解力、論理的思考力、観察力、空間認知能力などを育み、お子さんの脳のすこやかな発達をうながすのに役立つはずです。

すぐには答えにたどりつけないこともあるでしょう。しかしそんなとき、なんとか答えを見つけようと努力することは、集中力や考えぬく力を養うことにつながります。おうちの方はぜひ、会話を通して、考えるお子さんをサポートしてあげてください。コミュニケーションをとりながら、いっしょに答えにたどりついたときの喜びは、お子さんにとって大きな意味をもつにちがいありません。

脳科学者　瀧 靖之
（東北大学 加齢医学研究所 教授）

みんなと いっしょに
楽(たの)しく クイズに
ちょうせんするよ！

ぼくたち
たんてい
じむしょの
なかまたち

おれさまも とうじょう するぞ！
ベアボスたちに いたずらを
しかけちゃうぜ！

# すいりクイズをとく前に…

わたしはたんていのベアボス！

これからすいりクイズにちょうせんする みんなへアドバイスを おくるよ

よく聞いておくピ！

ベアボス

ピー

じょしゅのぼくたちもいるよ！

みんなでがんばろう！

すいくん

りーちゃん

さっそく
1もん ためしに
といてみよう

ズン

みんな いっしょに
考えてね！

もんだい
左から せの 高い じゅんで 5人 ならんでいます。うさぎさんの 左どなりには キツネさんが います。キツネさんの 右がわには 3人 ならんでいます。ウサギさんは 5人の なかで なん番目に せが 高いでしょうか。
えー！ むずかしい なあ

よく わからないけど…… 4番目くらい！ ウサギさんは 小さそうだし
ちょっと まって。 じゅんばんに ちゃんと 考えてみて！

むずかしいなら、 図に かいて せいりして みてごらん

まず、 ウサギさんの 左に キツネさんが いるから……
高い
ひくい
キツネ
ウサギ

むずかしそうに みえても、
もんだいを ちゃんと 読めば
とけるんだ！

これなら
きっと
できるピ

1つずつ
せいりして
考えていけば
いいんだね！

そのとおり！
ときには、ひらめきも
ひつようだけど、
まずは、もんだいを
よく 読んだり、
出てきた 絵を しっかり
見たりするのが 大切！

さあ！ みんなも すいりクイズに
ちょうせんしてみよう！

オー！

# この本のあそびかた

まず、もんだいを 読もう。
絵が ある ときは 絵も よく
見て 考えてね。

わかった！

わからない！

考えて
わからなかったら
ヒントを 見てみよう。

わかった！

答えページを
見てみよう。

このマークが ついている
もんだいは ぶんしょうだけ
で 出題できるから、
友だちや 家ぞくに 口で
出して 楽しめるよ！

※ヒントが ない もんだいも あるよ。

# すいりクイズ レベル1

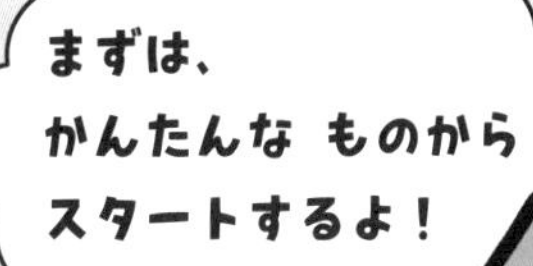

# なか直りの 手紙

**1** ブタさんと イヌさんが、けんかを しちゃった。あとで ブタさんが あやまりに 来て、イヌさんに 手紙を わたしたよ。手紙には 食べものの 名前しか かいていないけれど、ふしぎな ことに、ふたりは なか直りできたんだって。ブタさんは 手紙で なんと つたえたのかな？

なし
かつどん
ようかん
くれーぷ
しなもんろーる
よーぐると
うどん

クレープや ヨーグルトって、
ふつう かたかなで 書くんじゃないの？

**48のヒント▼** 3いだった トラさんを ぬいた ところで、サルさんは なんいに なっただろう？ よく 考えてみよう。



答え▶140ページ　ヒント▶26ページ

# そっくり 兄弟の なぞ



**2** ゾウいちろうくんと ゾウじろうくんは、なにから なにまで そっくりな 兄弟。同じ お父さんと お母さんの 家に、同じ 年の 同じ 日に 生まれたよ。でも ふたごでは ないんだって。どうしてかな？

57のヒント▼
自てん車に のっていて たいへんな ときって、どんなときかな？ 考えてみよう。

答え▶140ページ　ヒント▶113ページ

# まいごの 子を さがして！

3

ショッピングモールで こまっている 人が いたよ。いっしょに きた 子が まいごに なってしまったんだって。さがすのを てつだってあげよう。

さがしているのは、ぼうしを かぶっていて、四角い 形の かばんを もっている 子です。それから 丸い 形の メガネを かけています。見つかるかしら

ふむふむ
すべての とくちょうが
あてはまる 子は
どこだ？

答え▶158ページ

# はっぱの 手紙

4

キツネさんの もとに タヌキさんから 手紙が とどいたよ。なんて かいてあるのかな？

たこんたどた
うらたやまでた
ばけたくたらべ
をたしてたあ
たそぼたうた！

答え▶140ページ　ヒント▶103ページ

# あなを　あけたのは　だれ!?

**5**

「あっ！　おし入れの ふすまに あなが あいている！」へやで ボールあそびを していた 弟と、おし入れの なかで あそんでいた お兄ちゃん。

あなを あけちゃったのは どっち？

答え▶140ページ　ヒント▶123ページ

# 目を つぶっても 見える？

レベル1

**6**

キリンさんが お出かけ 前に かがみを 見ながら みだしなみを ととのえていたら、お父さんが 話しかけてきたよ。「目を ぎゅ～と つぶったまま、かがみに うつっている 自分を 自分で 見るには、どうすれば いいと 思う？」みんなは、わかるかな？

47のヒント▼
さいころは、むかいあう ふたつの めんの 目を たすと、かならず 7に なると きまっているよ。

答え▶141ページ　ヒント▶136ページ

# ファイルは どこだ！

## 7

なん日か 前に おきた じけんの じょうほうを まとめた ファイルを 見たいんだけど…… どこの たなだっけ？

みんなの きおくを もとに、ファイルの ありかを さがし出してね。

22のヒント▼

❶は 学校に、❷は うちゅうに、❸は ゆうえんちに、それぞれ かんけいの ある ことばだよ。

答(こた)え▶141ページ　ヒント▶74ページ

# カエルさんの 大きな ゆめ

**8**

カエルさんと カタツムリさんは、いつも クイズを 出しあって あそんでいるよ。きょうは、カエルさんが クイズを 出す 番。すると カエルさんは「ぼくの ゆめは なんでしょう？」と言って、池に うかんだ はっぱを ひとつとばしで ぴょんぴょん とんで 見せたよ。カエルさんの クイズの 答えが わかるかな？

69のヒント▼

それぞれの がっきで どんな 音を 出しているか、音ぷの 数に 気を つけて 見てみよう。

そ
お
か
う
え
さ
る
ま
の
に
く
な
に
る
の
どこから
読むかだね
う〜ん……

# ふしぎな かがみ

かがみの 前で ネズミさんたちが ダンスの れんしゅうを しているよ。かがみに うつった すがたで 正しい ものは あ～うの 3つのうち どれかな？

15のヒント▼

手紙の そばに いる 生きものが せなかに のせている ものに ちゅうもくしてみよう！

32のヒント▼ だれと だれからの 手紙だったかな?

# チャンピオンは　だれだ？

**10**

なかよしの　4人が、じゃんけん大会を　したよ。ぜんいんが　ほかの　3人と　1回ずつ　じゃんけんを　して、かった　回数が　いちばん　多い　子が　ゆうしょう。でも、だれが　なん回　かったか、わかるように　とっておいた　しゃしんに、みんなの　顔が　うつっていない！　しゃしんを見て、だれが　ゆうしょうか、わかるかな？

64のヒント▼

はなちゃんが 言っていた「てがみ」と「うがい」、りょうほう つかわないと なぞは とけないよ。

# 星(ほし)に　ねがいを・・・・・・・

## 11

きょうは 七夕(たなばた)。お星(ほし)さまに おねがいを しよう！　ウサギさんの ねがいごとは なにかな？

1のヒント▼

この手紙(てがみ)、よこむきに 読(よ)むと 食(た)べものの 名前(なまえ)しか 出(で)てこないけれど、ちがう むきで 読(よ)んでみると……？

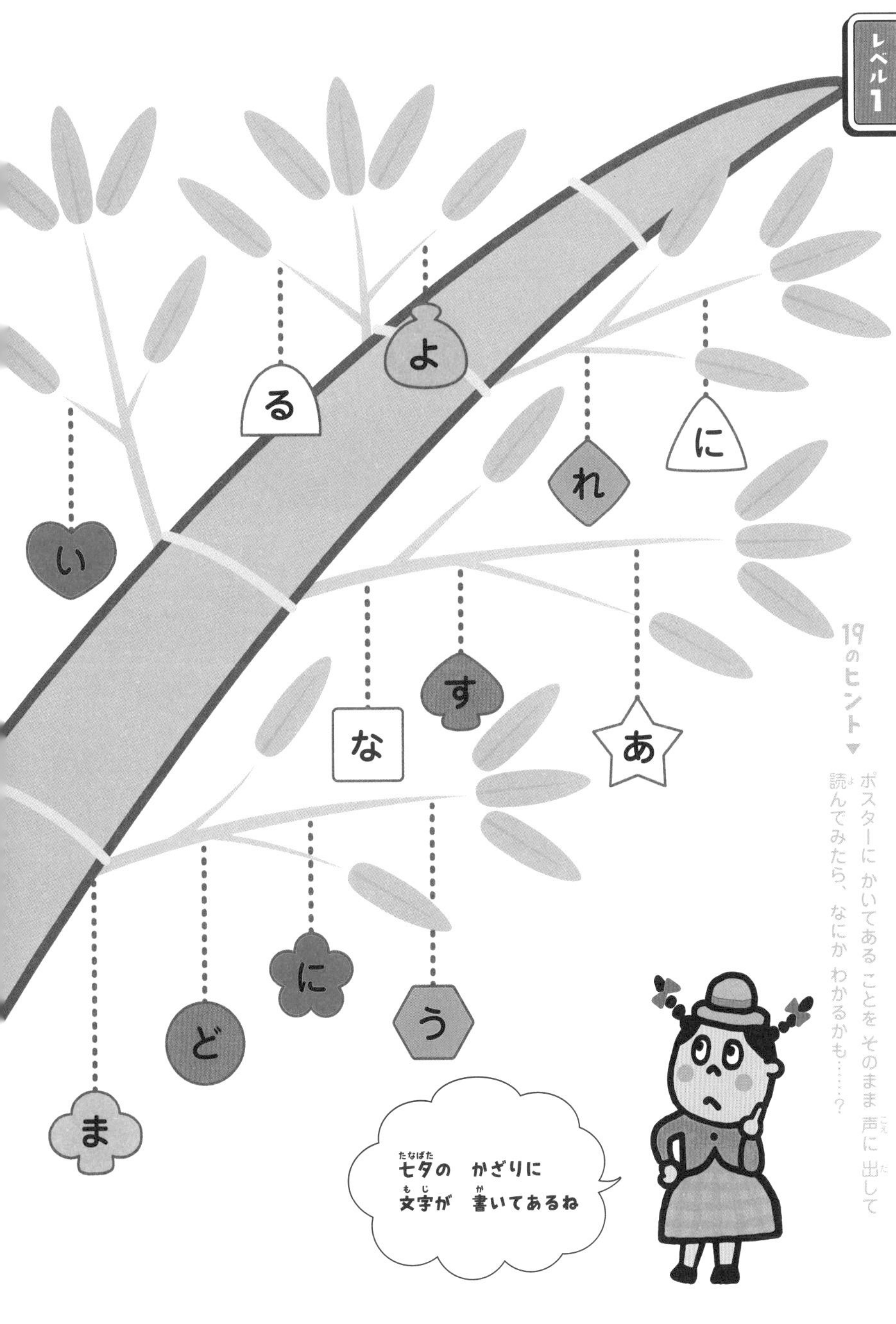


19のヒント▼

ポスターに かいてある ことを そのまま 声に 出して 読んでみたら、なにか わかるかも……？

答え▶142ページ

# べつの 日に とった しゃしんは？

**12**

みんなで おひるの 1じに 大きな こいのぼりを 見に行って しゃしんを とったよ。あれ？ ひとつだけ べつの 日の おひるに とった しゃしんが あるみたい。あ～きの どれかな？

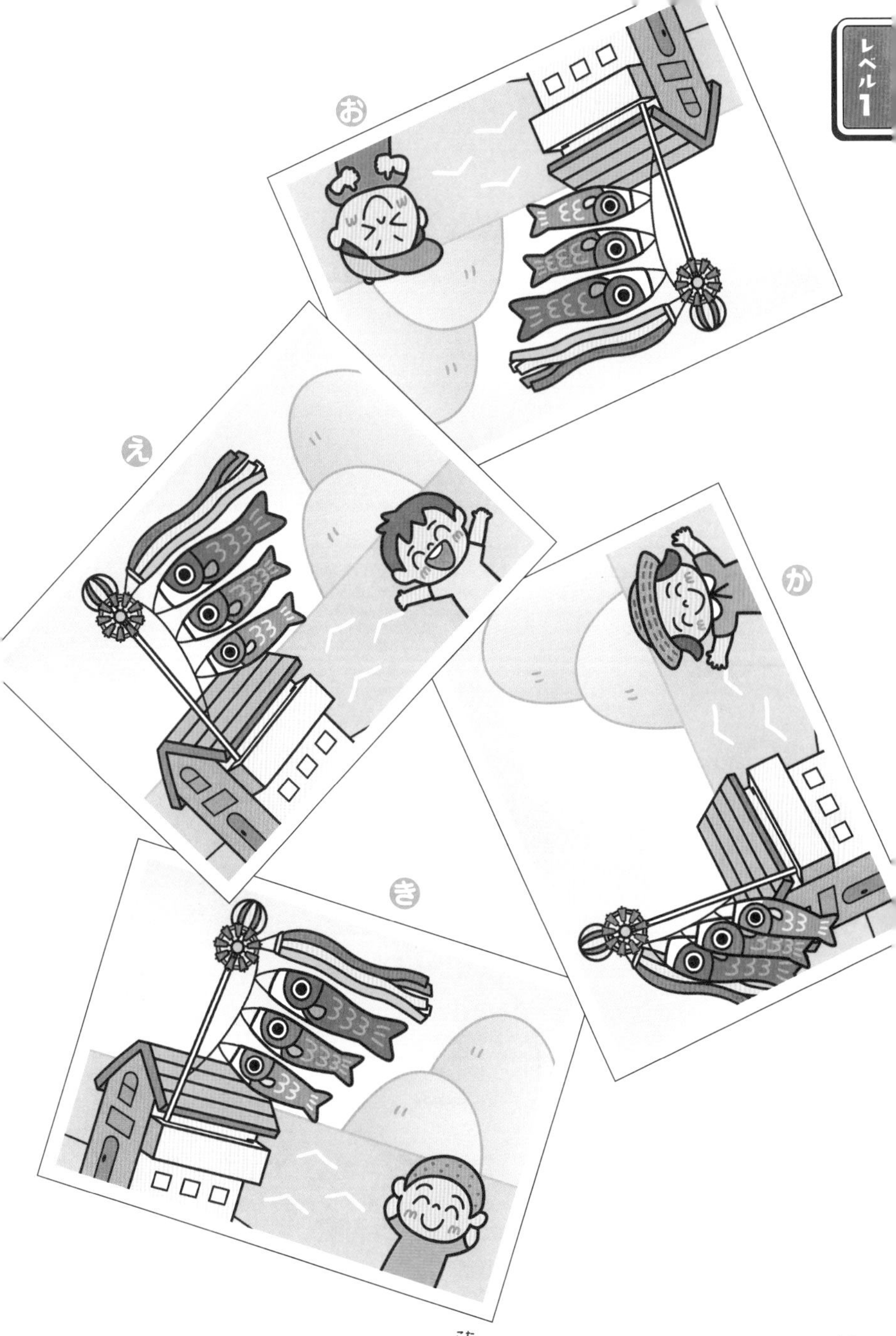


答え▶142ページ　ヒント▶46ページ

# どうぶつたちの 大(だい)サーカス

**13**

玉(たま)のりを した どうぶつたちが おきゃくさんに メッセージを とどけるよ。どんな メッセージか わかるかな？

テナガザル　　ネズミ

答え▶142ページ　ヒント▶106ページ

# 遠足の しゃしん

7人で 遠足に 行った 帰りに しゃしんを とったよ。ひとりが カメラマンで 6人を うつしたんだけど、できあがった しゃしんを 見てみると……。おや？ いたずらされて 9人 うつっているね。いたずらで くわえられた 3人は だれかな？

20のヒント▼

「ある」の しなものの 名前には、かならず なにかが 入っているよ。そのなにかは 算数に かんけいが ありそう。

71のヒント▼
前の日に先生は どんなことを ちゅういしたんだっけ？

# きょうの　おやつは　どこに？

**15**

かいとうドボロンが じむしょに しのびこんで、ベアボスたちの おやつを どこかに かくしたみたい！　ドボロンが のこした 手紙(てがみ)を ヒントに、おやつが ある ばしょを あてよう！

| | | | | |
|---|---|---|---|---|
| は | つ | や | お | の |
| つ | に | か | な | ち |
| く | か | た | の | た |
| え | く | し | し | み |
| の | ひ | き | だ | き |

54のヒント▼

店の なかが まっ黒に なったのは、どうしてかな？ てんいんさんが タコだと いうことを ヒントに 考えれば、わかるはず！

答え▶143ページ　ヒント▶22ページ

# すごいぞ！　へんしんマシン

16

天才科学者の オオカミはかせが、おどろきの はつめいを したよ。その名も「へんしんマシン」。このきかいに ものを 入れると、右のように なんでも ちがう ものに へんしんさせてしまうんだって。さっそく みんなで つかってみたんだけれど、ヒツジさんが 入れた ものは なにに へんしんするか わかるかな？

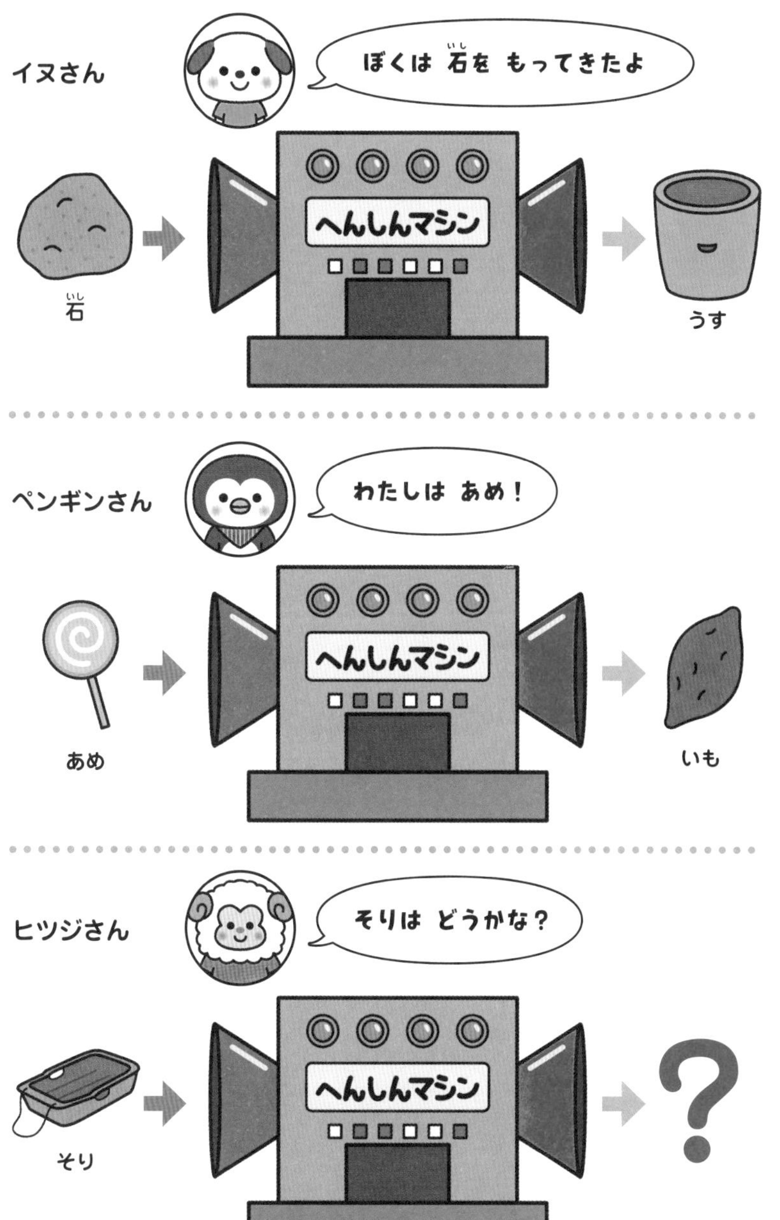


23のヒント▼

1まい目と 2まい目を くらべると、どちらにも 同じ形が 出てくる ことが わかるね。

# 楽しい　つみ木コンテスト

## 17

つみ木コンテストが ひらかれて、4人が それぞれ 自分の すきな 形を つくったよ。さて、それぞれ つみ木を なんこ つかっているか、わかるかな？

つみ木コンテスト

4人の 出場しゃの みなさんを ごしょうかいします。ちなみに、4人とも このさいころの 形の つみ木、1しゅるいしか つかっていません

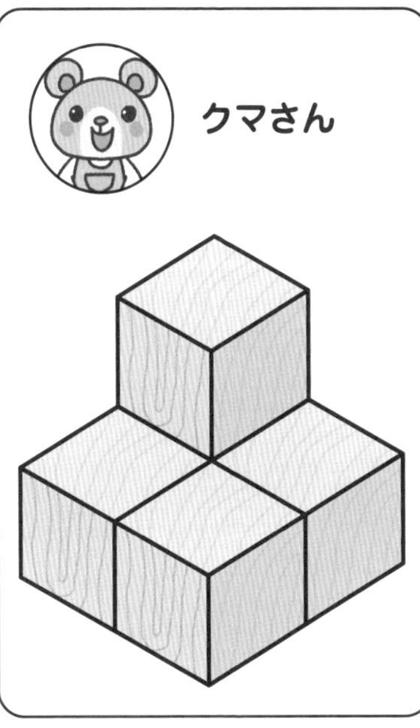

**65のヒント▼**

つかわれている文字は ア、ナ、マ、ヤ、ラ。この5つが1れつに ならんでいるのを どこかで 見たことは ないかな？

答え▶143ページ　ヒント▶89ページ

# おすもうさんからの 手紙

**18** すもうが 大すきな トラさん。カバの海と いう おすもうさんに ファンレターを おくったら、うれしいことに へんじが 来たよ。でも、いったい なんと かいてあるんだろう？

**こんすどけいもこをうみ
にきもすてくだもさすい。**

**カバの海より**

44のヒント▼

たてに ひっくりかえすと、上下さかさまに なるよ。さいしょは たてに ひっくりかえしたよね。つまり……



答え▶143ページ　ヒント▶132ページ

# ふしぎな 大やす売り



**19**

ウサギさんが お母さんと スーパーマーケットに 買いものに 行ったら、こんなポスターが はってあったよ。さて、きょうは なにを やす売りしているのかな？

答え▶144ページ　ヒント▶27ページ

# ゆうえんちに 入るには

**20**

ここは「あるなしゆうえんち」。お金を はらう かわりに、家から なにかを もっていって、それが「ある」と みとめられれば、入ることが できるよ。さて、家から 大すきな はちみつを もってきた クマさんは、ゆうえんちに 入れる？ それとも 入れない？

# おきゃくさまへ

「あるなしゆうえんち」は、あなたが もってきた しなものが「ある」だったら 入(はい)れますが、「なし」だったら 入(はい)れません。「ある」と「なし」、それぞれの しなものの 例(れい)は つぎのように なっています。

| ある | なし |
|---|---|
| イチゴ | ブドウ |
| 肉(にく) | ほね |
| サンドイッチ | あんパン |
| クレヨン | えんぴつ |
| ゴボウ | ダイコン |

答(こた)え▶144ページ　ヒント▶32ページ

# きょうふの　よこくじょう

## 21

いくつもの おたからを もつ 大金もちの カメさんに、かいとうドボロンから 手紙が とどいた。おたからを ぬすみに 来る 日にちを 知らせる、よこくじょうの ようだ。手紙の なぞを といて、ドボロンが いつ 来るかを あてよう。

※おはかで 読め。

**おめさんがたおいおねをだしておったたおらものをにしゅうおんごのふつおのひにいただくおらな。**



答え▶144ページ　ヒント▶82ページ

# まちがえた 日記



## 22

カバさんの 日記に、こんなページが あったよ。きっと ねぼけて、文字を かく じゅんばんを まちがえたんだね。まちがえたのは ①～③の 3かしょだよ。それぞれ、本当は なんと かきたかったのかな？

なにを かいたっけ……？

○月×日　くもり

きょうから 楽しい ①みすはやる。

きのうの 夜は

②うんちじゅうと いっしょに

③ゴリラーメンドーウに

のる ゆめを 見た。

なんだか とても 楽しかった。

答え▶144ページ　ヒント▶18ページ

# カメさんからの 手紙

ウサギさんが カメさんから 手紙を もらったよ。ふうとうの なかには、2まいの 紙が 入っているけれど、いったい なんと かいてあるのかな？

ぼくの つくった
なぞが とけるかい？

12のヒント▼ こいのぼりの およぐ ほうこうに ちゅうもくしてみよう。

1まい目

2まい目

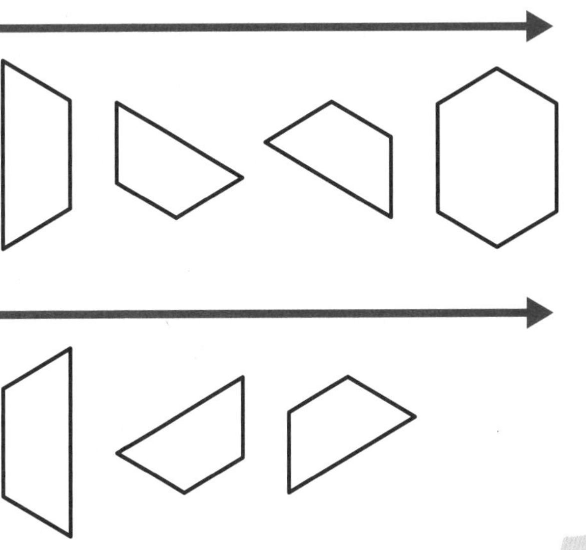

46のヒント▼

ヒントの 上の ふたつは「おにぎり」の べつの よび方。いちばん 下は キャンプに かんけいが ある 三角形の ものだよ。

答え▶145ページ　ヒント▶37ページ

# カニさんの 紙切りあそび①

**24** 紙を 切るのが 大すきな カニさんは、きょうも 紙をチョキチョキ、チョキチョキ。下の 絵のように おり紙を2回 おった あと、切って ひらくと、どんな形が できあがるかな？ あ～うの なかから えらんでね。

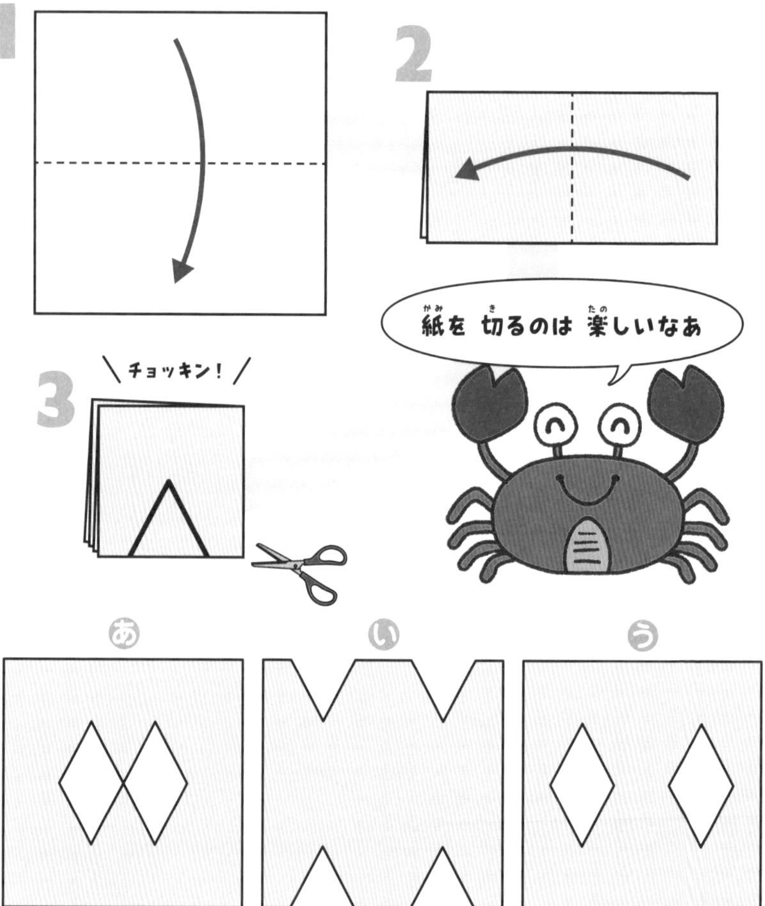


60のヒント▼

かべについた 手形を もういちど よ～く 見てみよう。この手は 右手かな？ それとも 左手かな？



答え▶145ページ

# すいりクイズ レベル2

だんだん もんだいを とく コツが
つかめてきたかな？ つぎは、
すこ〜し むずかしくなるよ！
いっしょに がんばろう！

# はこの なかみは なにかな？

**25**

3つの はこに ぬいぐるみ・ヨーヨー・スーパーボールを かくしたよ。どのはこに なにが 入っているか わかるかな？

答え▶145ページ　ヒント▶115ページ

# なかよく ピザを わけよう！

レベル2

**26**

三角形の ピザパンを 3人で わけるよ。みんなが かならず ベーコン・エビ・マッシュルームを ひとつずつ 食べられるよう、同じ 大きさに わけてね。

答え▶158ページ

# おかしな　かがみ

下の しゃしんは、みんなで あそんだ ときに とった ものだよ。それを、かがみに うつしたら、右の ページの ように なった。でも このかがみ、なんだか へんだね。

かがみに うつった しゃしんに、おかしな ところが 4つ あるよ。ぜんぶ わかるかな？

元の しゃしん

かがみに うつった しゃしん

答え▶158ページ

## 28

雨が ふったのに みんな よろこんでいるよ。なぜかな？
□の なかから 一文字だけ えらんで 左から じゅんばんに 読むと わかるよ。

がぎぐげご

1

だぢづでど

4

たちつてと

1

答(こた)え▶146ページ　ヒント▶128ページ

# 花びんを　わったのは　だれ？

**29**

教室の 花びんが われているのが 見つかった！ そこに いたのは、キツネさん、タヌキさん、リスさんの 3人。花びんを わってしまった 子は このなかに いて、ひとりだけ うそを ついているよ。それは だれかな？

答え▶146ページ　ヒント▶93ページ

# てん校生は どんな子？

レベル2

## 30

どうぶつ小学校に てん校生が 来る ことに なったよ。そのてん校生は、遠い 海から 来るらしい。どんな子なのか、みんなで うわさを しているよ。そんなとき、とどいたのが 大きな ケース。なかに いるのは どんなどうぶつ かな？

8のヒント▼

まずは どこからでも いいので、ひとつとばして 文字を くりかえし 読んでみよう。そのうち、いみが わかってくる はずだよ。

答え▶146ページ ヒント▶97ページ

# サンドイッチを 食(た)べたのは だれ？

**31** ピクニックに 来(き)て おべんとうを 食(た)べるよ。あれ？ 友(とも)だちと 話(はな)していたら サンドイッチが ひとつ なくなっている！ 食(た)べたのは だれかな？

答(こた)え▶146ページ　ヒント▶108ページ

# ひみつの 手紙(てがみ)

## 32

ことりさんと、ニワトリさんから 手紙(てがみ)が とどいたよ。
なんて かいてあるのかな？

こなきにわごえ

こをにわききこ

たかっにわたら

こあさにわこは

やにわおきこし

よにわうね！

答え▶147ページ　ヒント▶23ページ

# たからの　へやへの　とびら

**33**

かいぞく キャプテン・ドラネコが、たからの しまに たどりついたよ。ただし、たからが ある へやには、かべに かかれた なぞを とかないと、入れない。地めんに ころがっている石の なかから 正しい ものを ひとつ えらんで あなに はめれば、とびらが ひらくみたいだ。どの石を はめれば いいかな？

## たからを もとめる ものへ

つぎのうち、「ある」の 方の ものは すべて、後ろに 同じ ことばが つく。そのことばを あらわす 石を えらんで、あなに はめこめ。そのとき、たからの へやへの とびらは ひらかれるだろう。

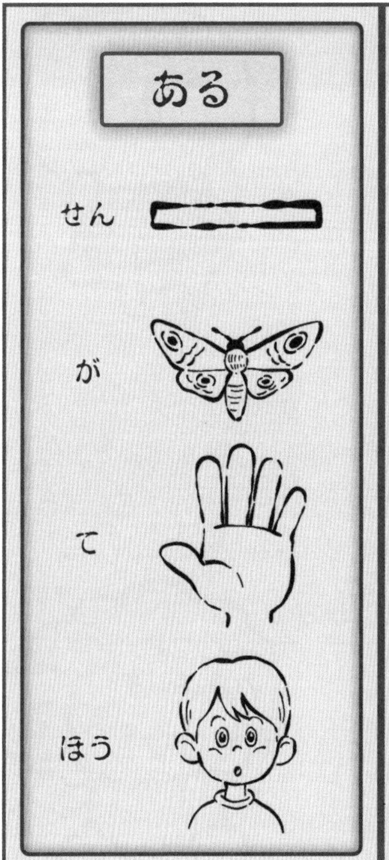


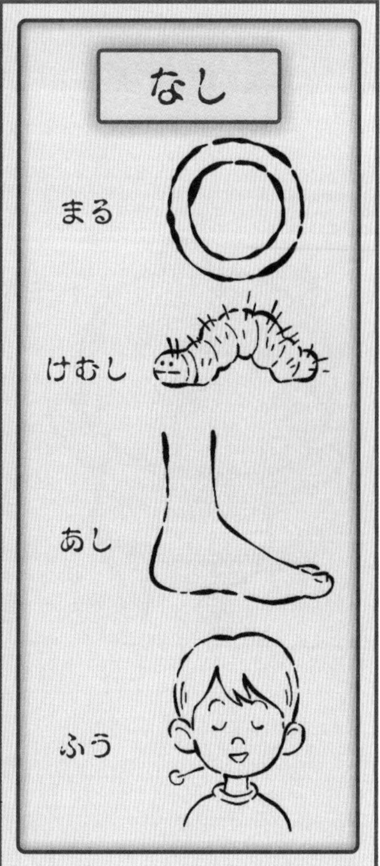


61のヒント▼

「上には だれも すんでいない」と 言っている トラさん が すんでいるのは なんかいかな？

# つめたくて おいしいね♡

**34**

アイスクリームやさんで アイスを 食べたよ。だれが なにを 食べたのかな？ 3人の 話を 聞いて あててね。

**ウサギさん**

わたしが 食べた ものには
フルーツは のってなかったよ

**トラさん**

ぼくが 食べたのは
チョコあじじゃ ないよ

**ヒツジさん**

コーンが にがてだから、
これを 食べられて よかった！

55のヒント▼
どうしても 答えが わからない ときは、本の むきを 少し かえてみると、いいかも!?

70のヒント▼
四角形の 木の はこは 「ます」と いうよ。

答え▶147ページ

# かがみの 国の 王子さま♡

**35**

かがみの 国の 王子さまから メッセージカードが とどいたよ。でも、なんて かいてあるか わからない！ だれか 教えてくれないかしら？

きみのえがおは
とてもすてきです。
かがみのくにから、
いつもおうえん
しているよ。　王子(おうじ)より

かがみの国(くに)ならではの
しかけが ありそうだね！

答(こた)え▶148ページ　ヒント▶107ページ

# しっぱいした 大はつめい①

**36**

天才科学者の オオカミはかせが、なんでも 本もの そっくりに コピーできる「コピーマシン」を はつめいしたよ。さっそく コピーマシンに トランプを 4まい 入れてみたんだけれど、1まいしか ちゃんと コピーできなかったみたい。右の ページの あ～えの なかで、本ものの とおりに つくれた 1まいは どれかな？

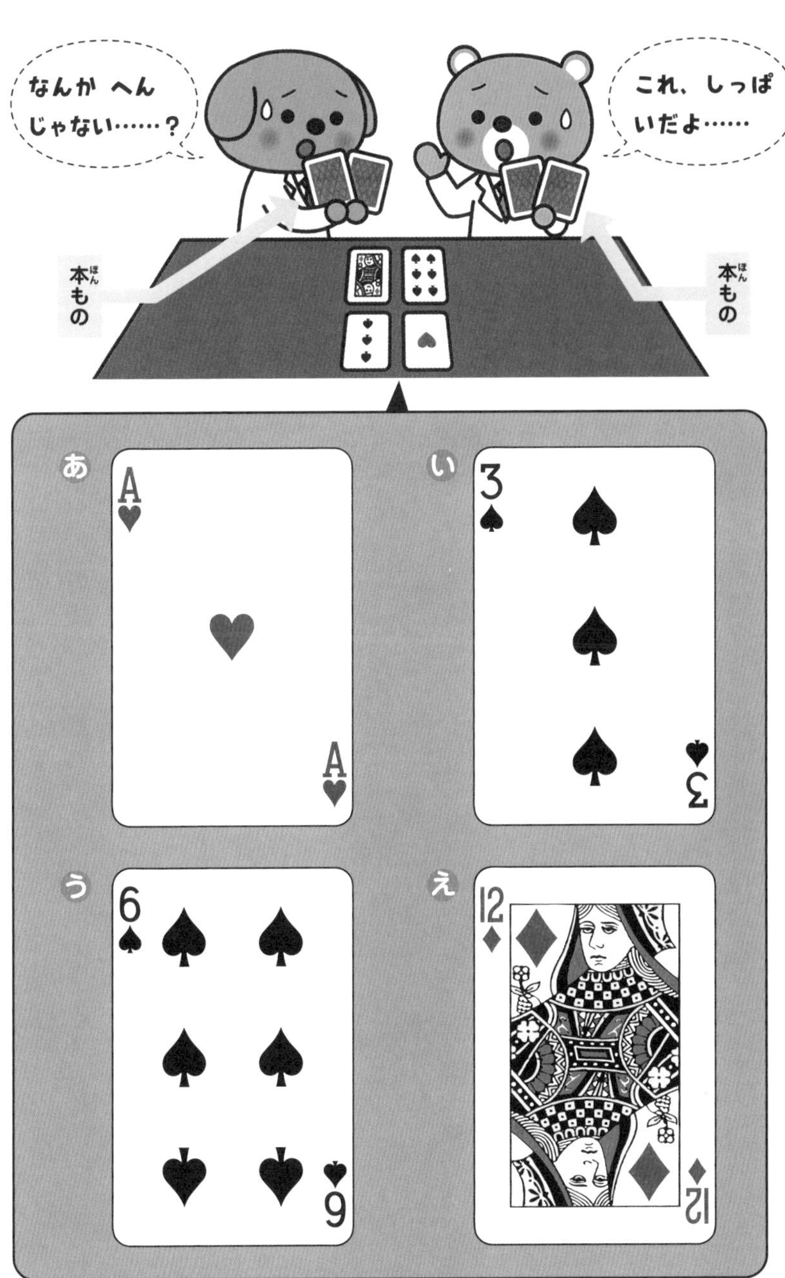


72のヒント▼

はじめに、お母さんとお父さんのことばから、お父さんがなにを食べたのかを考えてみよう。

# キツツキさんへの　はがき

キツツキさんに、はがきが とどいたよ。でも、このはがき、ちょっと へんだね。なんと かいてあるのかな？だれから とどいた はがきか わかるかな？

キツツキさんへ

はて？
だれからかしら？

はのうはつつはさ
んがくれたはみど
りのはものをはた
よ。とてもはに
いったから、はょ
うもはてるよ！
はつねより

はのう……。
はつつは……。
ずいぶん「は」が たくさん あるね

75のヒント▼
同じ どうぶつが いくつかの しゃしんに うつっている
から、ちゅういしてみよう。

# でんせつの　ふるどうぐ

このなかに ひとつだけ せんぞだいだい つたわる でんせつの どうぐが あるよ。 3つの ヒントを 手がかりに どれかを あててみよう！

ヒント❶
それは 紙で つくられていない ものじゃ
ヒント❷
それは おめんと 王かんの 間に あるのじゃ
ヒント❸
それの 左右どちらかには 時計が あるぞ

ちゃわん

おめん

かがみ

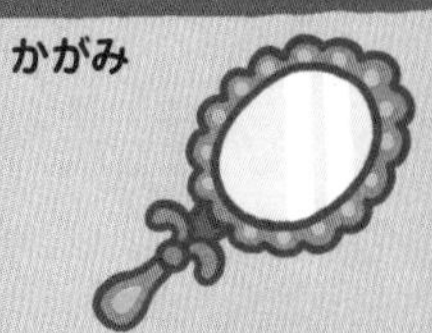

よろいかぶと

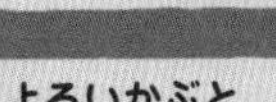

本

でんわ

時計

たて

ぼうし

ティーポット

かぎ

ランプ

ほうき

こうすい

手ぶくろ

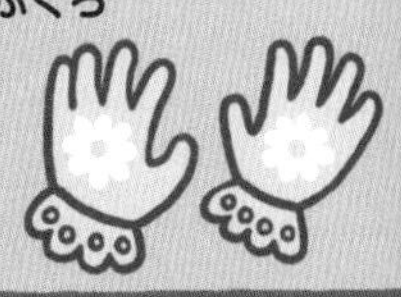

水しょう玉

王かん

はかり

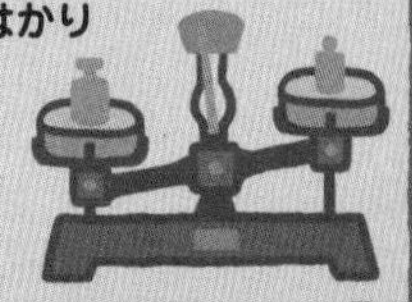

答え▶148ページ

# ひとふで書きで かこう!

下の 絵の なかで ひとふで書きが できない ものは あ〜かの どれかな?

**ひとふで書きの ルール**

- いちど かきはじめたら かきおわるまで えんぴつを 紙から はなしては いけないよ
- 線と 線が 交わっても いいよ。でも、同じ 線を 2回 かいては いけないよ

7のヒント▼ みんなの 言っている ことが あてはまる たなに しるしを つけて 考えよう。

答え▶149ページ　ヒント▶109ページ

# ばらばらに なった 手紙

## 40

タヌキさんが 学校で、キツネさんから かわった 手紙を もらったよ。いっしょに わたされた、ます目が かいて ある 紙が ヒントなんだって。なんと かいてあるか、わかるかな？

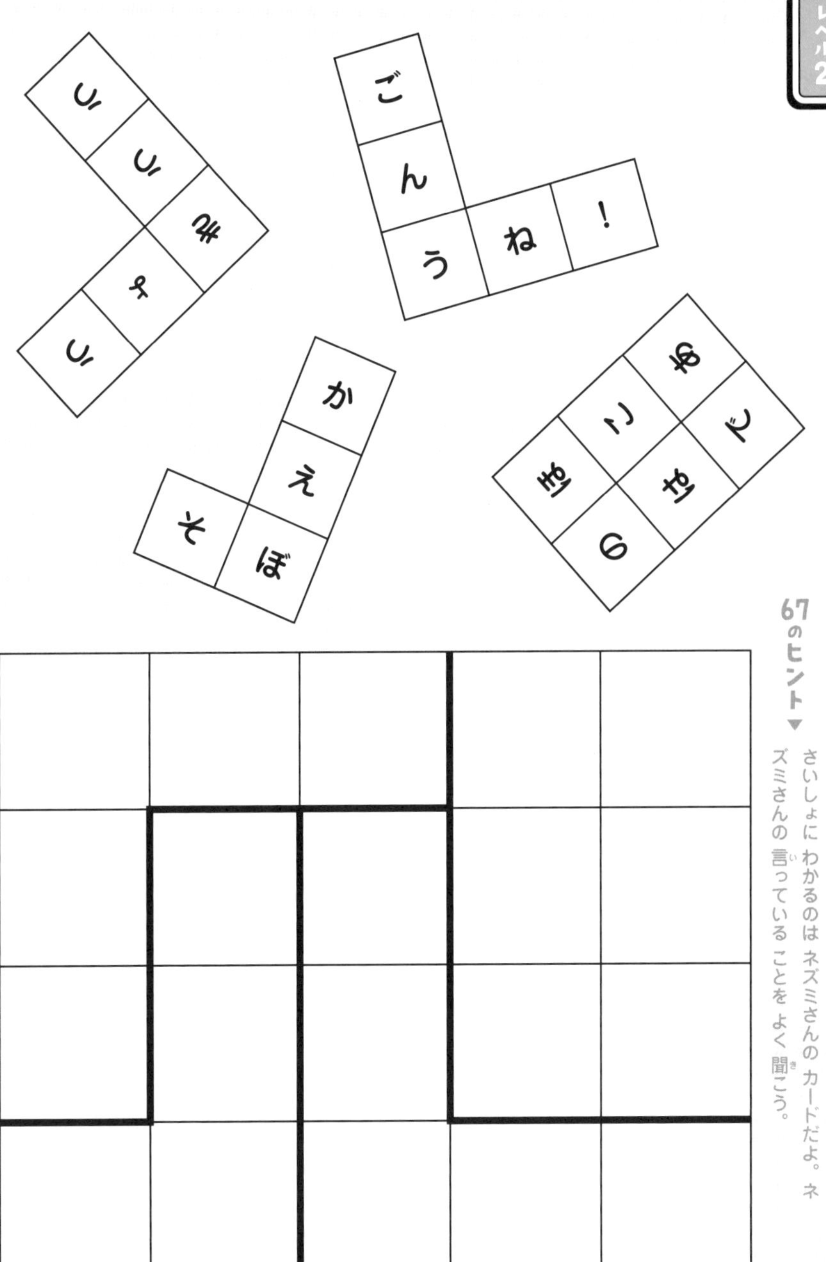


67のヒント▼

さいしょに わかるのは ネズミさんの カードだよ。ネズミさんの 言っている ことを よく 聞こう。

# カブトムシ レース

**41** カブトムシを きょうそうさせるよ！ ４まいの しゃしんの 通(とお)りの じゅんばんで ゴールしたよ。１〜４いを あててね。

頭の なかで
しゃしんを
ならべかえよう！

答え▶149ページ

# おたからを　とりもどせ！

**42**

かいとうドボロンが、ぬすんだ おたからを かくした ばしょの メモを 手に 入れたよ。どうやら 公園に はえている 7本の 木の どれかの 下に うめてあるみたい。おたからが あ〜きの どの木の 下に あるか つきとめて とりもどそう！

**おたからは ぶらんこから**

**右に 4 ます→上に 4 ます→左に 2 ます→**
**上に 5 ます→左に 2 ます→上に 1 ます→**
**右に 6 ます→下に 3 ます→左に 2 ます**

**すすんだ ばしょに はえている 木の 下に うめてある。**

58のヒント▼ さいしょに だれが 一番か 見つけると いいね。

答（こた）え▶149ページ

# お父さんからの 手紙

**43** お父さんが ひみつの 手紙を くれたよ。あしたの おでかけの 行き先が かいてあるんだって。でも なんて かいてあるか わからないなあ。どこに 行くんだろう？

ふふっ
このなぞが
とけるかな？

**21のヒント▼**

「おはかで 読め。」は、本当に おはかに 行って 読め、という いみじゃ ないよ！ 「お」は「か」で 読むと いう ことだよ。

50のヒント▼

ウサギさんがポーズをとるとき、どちらかの足しかゆかについていないみたいだけど……。

答え▶150ページ　ヒント▶131ページ

# カードマジックショー

## 44

わたしの 名前は ジョーカー。みなさんに
カードマジックを お見せしましょう

こちらに 1まいの
カードが あります
おもてには 青い
やじるし、うらには
赤い やじるしが
かいてあります

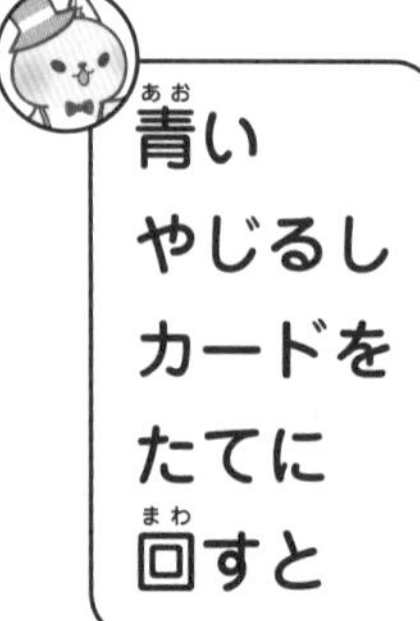

あら ふしぎ！
赤い やじるしが 下を むきました！

ここで もんだいです。この下を むいた 赤い やじるしカードを よこに 回すと 出てくる 形は どれでしょう？ ❶〜❸の 3つの なかから おえらびください

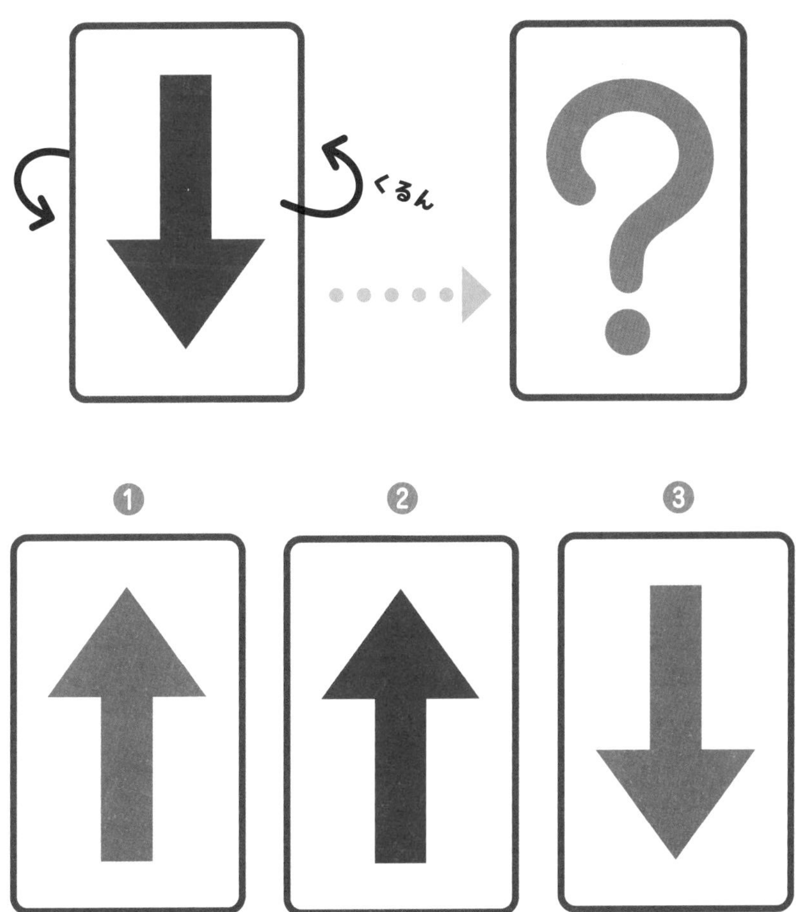


答え▶150ページ ヒント▶40ページ 

# オオカミはかせに とどけもの

**45**

たくはいびんやさんが、天才科学者（てんさいかがくしゃ）の オオカミはかせの おやしきに とどけもの。ところが、おやしきの なかは ワープそうちを つかった めいろに なっていたよ。

どう すすめば、はかせに にもつを わたせるかな？

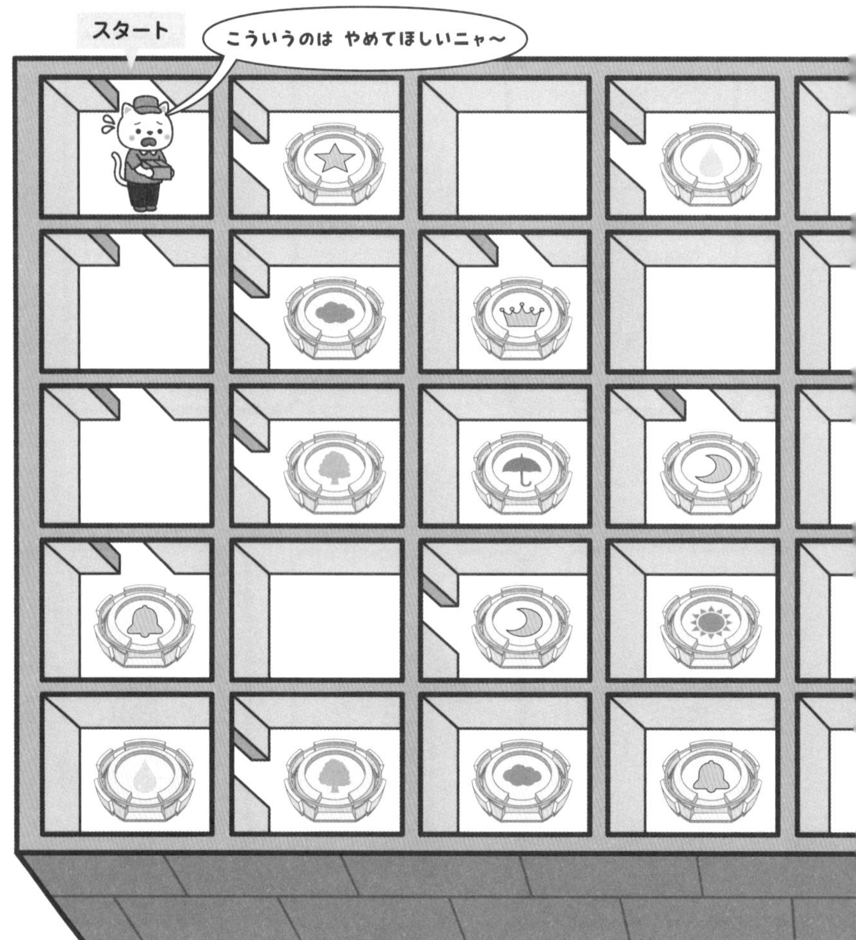

ワープそうちが ある へやに 入ると かならず 同じ マークの そうちが ある べつの へやへ ワープするぞ

すすめなくなったときは、どこかで のる マークを まちがえたと いうことだぞ

早く にもつを もってきてくれよ

ゴール

答え▶159ページ

# キャンプでの しごとは？

**46** カブトムシくんが、夏休みに みんなで 行く キャンプの しおりを つくってくれたよ。でも、いたずらずきの カブトムシくんが、わざと わからないような かき方を したものだから、みんな 自分が なんの かかりか わからなくて、こまっているね。それぞれの かかりが だれなのか、教えてあげよう。

●火をおこすかかり

キ☆◆☆※

●りょうりをするかかり

ア☆、◎△★ウ♪＃

●かたづけるかかり

ヒント

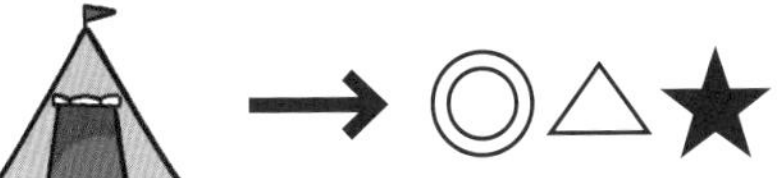


17のヒント▼
つみ木は見えないところにもあるよ。わすれずに数えよう。

# しっぱいした 大はつめい②

## 47

天才科学者の オオカミはかせが はつめいした、なんでも 本もの そっくりに コピーできる「コピーマシン」。きょうは さいころを コピーしたんだけれど、ときどき 本ものとは ちがう ものが できてしまうみたい。あ～え の なかで、ひとつだけ 本ものの とおりに つくれなかった さいころは どれかな？

16のヒント▼
「い」「し」と「う」「す」、「あ」「め」と「い」「も」のように、ひらがなで 1文字ずつ ばらばらにして 考えてみよう。



答え▶150ページ　ヒント▶17ページ

レベル2

# マラソン大会の じゅんいは？

**48** マラソン大会に 5人の せんしゅが 出場したよ。先頭は ウサギさん。つづいて イヌさん。ビリだった サルさんは、とちゅうで 3いの トラさんを ぬいたけど、さいごは 5いだった キツネさんに ぬかされて、そのまま ゴールしたよ。サルさんは、なんいだったかな？

答え▶151ページ　ヒント▶10ページ

# へやの　かぎは　どこに？

**49**

かいとうドボロンを　つかまえるため、かくれ家に　せん入した　ベアボスたちが、へやに　とじこめられた！　とびらの　前には、ドボロンからの　手紙と、4つの　はこがあったよ。このうちの　どれかに、とびらの　かぎが　入っているようだ。手紙を　読んで、あ～えの　なかから、かぎが　入った　はこを　えらぼう。

4つの はこのうちの どれか ひとつに、とびらの かぎを 入れておいた。
はこに かいてある 文字は、ならべかえると 虫の 名前に なるぞ。

①はねが ある　②赤い　③目が 大きくない

この3つ すべてに あてはまる 虫の 名前が 書いてあるのが、かぎが 入った はこだ。
ただし、まちがった はこを あけると、そこから 出られなくなるので、ちゅういしたまえ。

29のヒント▼
ひとりずつ「もしこの人がうそつきだったら」と考えてみよう。ほかのふたりが言うことと あっているかな？

あ

い

う

え

答え▶151ページ

# ふしぎな　ダンス

**50**

ウサギさんが 新しい ダンスを 考えたよ。リズムに あわせて ポーズを かえながら「ハッピー！」か「ざんねん！」と 大きな 声で 言うんだって。どちらを 言うかは ポーズによって きまるみたい。さいごの ポーズは、「ハッピー！」と「ざんねん！」、どちらかな？

答え▶151ページ　ヒント▶83ページ

# すいりクイズ レベル3

ついに レベル３に きたね！
むずかしい ときこそ、
もんだいを よく 読んでみて。
ぜんぶ せいかい できるかな？

# かがみの へやの ふしぎ

## 51

りーちゃんが かがみの へやの なかに いるよ。前、後ろ、右、左、それぞれの かがみに りーちゃんが うつっているね。でも 1まいだけ うつり方が おかしい かがみが あるみたい。いったい どれかな？

30のヒント▼

もんだい文を じっくり 読んでみよう。大きな ケースにいたのが だれか、はっきり かいてあるよ。

答え▶152ページ　ヒント▶102ページ

# ケーキは どう 切る？

## 52

ネズミさんたちが、家ぞく 4人で ケーキを 食べるんだって。でも、みんな 同じ 大きさで、イチゴと ブルーベリーを ひとつずつ 食べられないと、けんかに なってしまうかもしれない。どう 切れば いいか、教えてあげよう。

33のヒント▼

「ある」の ものに どんな ことばが つくか、6つの 石に えがかれた ものの 名前を ひとつずつ あてはめてみよう。

## 切り方の ルール

・ケーキは かならず 点線に そって 切る。
・切った ケーキは ひとつながりに なっていなければ ならない。

## ケーキを 上から 見たところ

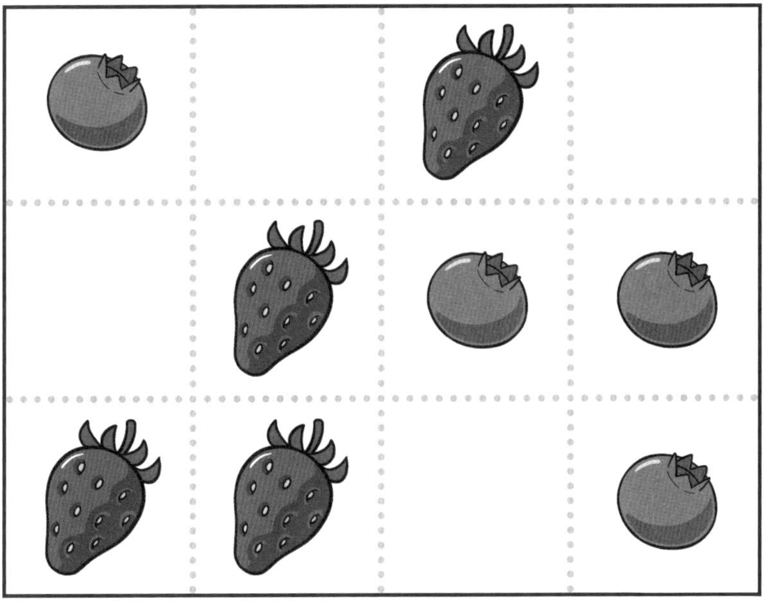

74のヒント▼
サルさんの カレンダーについての 話が、ちょっと あやしそうだね。

答え▶159ページ　ヒント▶133ページ

# だるまさんが ころんだ

**53**

みんなで「だるまさんが ころんだ」を したよ。1回目で ふたり つかまり 2回目で 3人 つかまり 3回目で ふたり つかまって、とうとう のこり ひとりに なった。

さて みんなは なん人で あそんでいるのかな？





答え▶152ページ　ヒント▶119ページ

# おすしやさんでの　じけん

レベル3

ここは おすしやさん。タコの てんいんさんが 店の そうじを しているよ。でも かどの 方が まだ よごれているね。そこで、たいしょうが 「○○を はいてくれ」と いったら そこらじゅう まっ黒に なっちゃった。たいしょうは なんと 言ったのかな？　○○に 入る ことばを 答えてね。

なにを やってんだ！

40のヒント▼

ヒントの 紙に かかれた 太い 線を よく 見てみよう。なにかに 気づかないかな？

# 王子さまに 会いに 行こう

おひめさまに、かがみの 国の 王子さまから「来てほしい ばしょが ある」と 手紙が とどいたよ。でも、その ばしょが どこなのか、わからないみたい。手紙の なぞを といて、地図に ある ばしょの どこに 行けば いいのか、おひめさまに 教えてあげよう。

かがみの 国の 地図

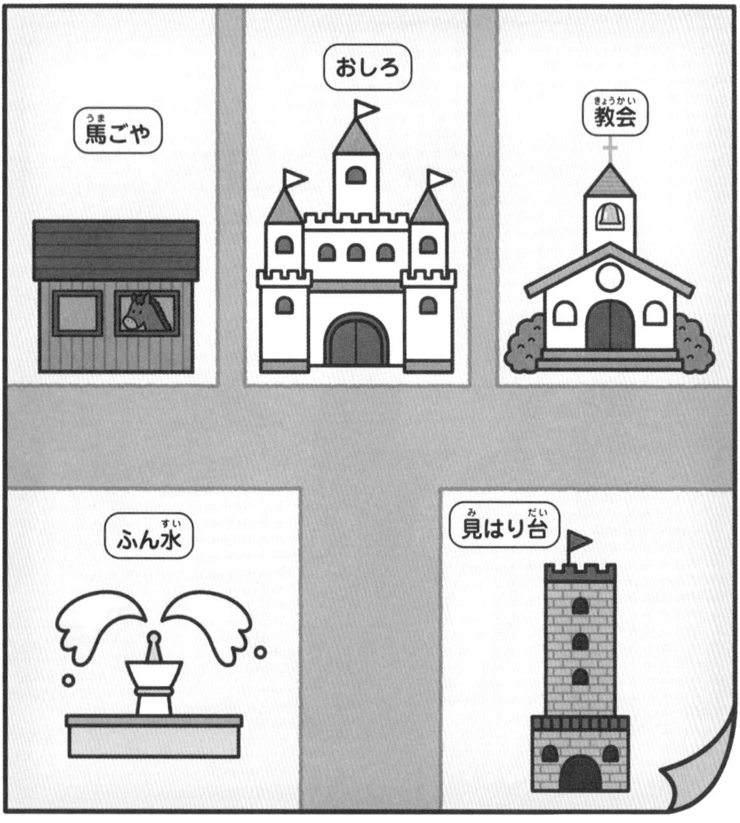

馬ごや

おしろ

教会

ふん水

見はり台

51のヒント▼

どうやら 1まいだけ、本当は うつっている はずの ものが うつっていない かがみが あるみたいだね。

かがみの 国の 王子さまと いう くらいだから、手紙の ひみつにも かがみが なにか かんけい あるのかな?

早く 王子さまに 会いに 行きたいけれど……?

**4のヒント▼** だれから とどいた 手紙だったかな?

答え▶152ページ　ヒント▶64ページ

# お父さんが ほしい ものは？

**56**

おつかいを たのまれた ウサギさん。でも、お父さんから「これを 買ってきて」と わたされた メモが 読めないみたい。お父さんが ほしい ものは なんだろう？

**77のヒント▼**

2回、同じマークが出てきているところに、ちゅうもくしてみよう。どちらにも同じ文字が入るということだよ。

- - - - - - は谷おり、
- ― - ― - は山おりに
するんだよ

答え▶153ページ

# ふしぎな 自てん車

## 57

ネズミさんが 自てん車で ウサギさんの 家に あそびに 行ったよ。でも、行くときは 7分で ついたのに、帰りは 18分も かかってしまった。通った 道や こぐ 力は 行きも 帰りも 同じで、自てん車が こわれたり どこかで 道草を 食ったりした わけでもない。どうしてかな？

13のヒント▼
どうぶつの 名前と ボールの 数字に なにか かんけいが あるみたいだよ。



答え▶153ページ　ヒント▶11ページ

# テストの けっかは ひみつ!?

レベル3

58 さんすうの テストが かえされたよ。テストの 点は はっきりは 教えてくれなかったけど みんなは それぞれ なん点かな？　テストは 100点が まん点だよ。

35のヒント▼ かがみに うつった ものは 左右はんたいに なるよね。

答え▶153ページ　ヒント▶80ページ

# おじいさんの　リンゴ

**59**

リンゴばたけの リンゴが 9こ 地めんに おちてしまったよ。はたけの もちぬしの イヌの おじいさんは おちた リンゴを ひろわないと いけない。ただし がんこものの おじいさんは、自分で きめた ルールを まもって リンゴを ひろわないと 気が すまないらしい。どんな ルートで いけば、すべての リンゴを ひろえるかな？

さて、リンゴを ひろうとするか

31のヒント▼
ひとつひとつ はんにんじゃない 子に しるしを つけよう。のこった 子が はんにんだ！

●わしは、いちど 通った 道を もう1回 通るのは いやじゃ

●きょうの わしの ラッキーナンバーは 4じゃから、通る 道は 4本の まっすぐな 線に なるように するぞ

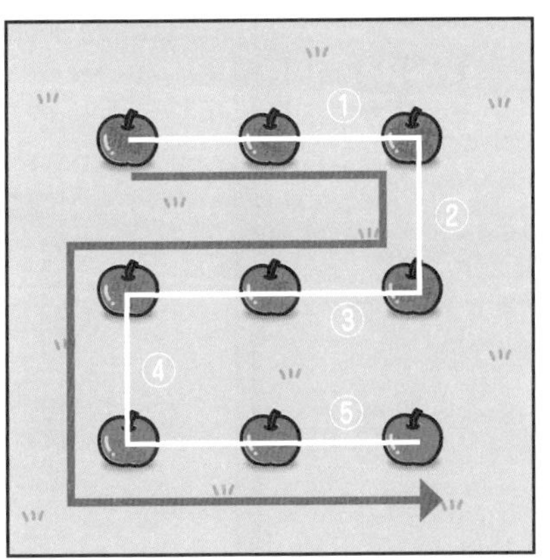


これだと、まっすぐな線が 5本に なってしまうので、だめじゃ！

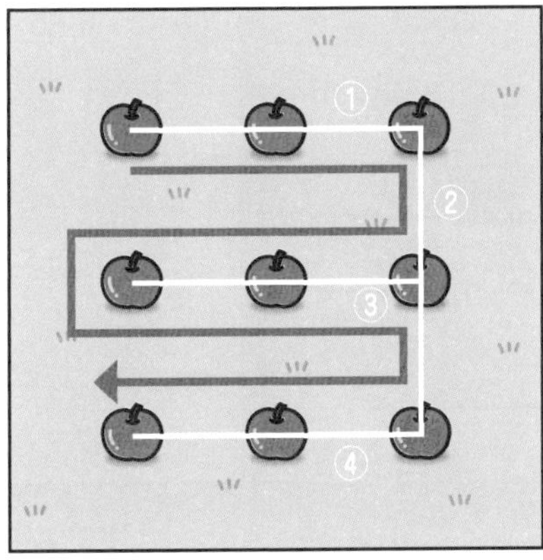


これなら、まっすぐな線の 数が 4本に なるが……③を2回 通ることに なるので、やはり だめじゃ！

39のヒント▼ じっさいに なぞってみよう！

答え▶159ページ　ヒント▶117ページ 

# かべを よごしたのは だれ？

**60**

クマ先生が、学校の ろうかの かべに、青い 色の 手形が ついているのを 見つけたよ。きょう、図工の じゅぎょうで 絵を かいた 1組の だれかが つけたに ちがいないと、先生には すぐに わかったみたい。手形を つけちゃったのは、右の 6人のうち、だれかな？

サルくん

ゴリラくん

チンパンジーくん

オランウータンくん

マントヒヒくん

マンドリルくん

10のヒント▼

手の形や着ているものをよく見れば、どれがだれの手なのかわかるよ。

答え▶153ページ　ヒント▶48ページ

# へんそうを 見やぶれ！

**61** かいとうドボロンが へんそうして、ある 4かいだての マンションの 1かいに すんでいると いう じょうほうが 入った！　そこで、マンションの 4人の じゅうにんを あつめて 話を きいてみたよ。このなかから、へんそうしている ドボロンを 見つけだそう！

上にも 下にも、だれか
すんでいるよ

ライオンさん

すんでいるのは、ライオンさん
よりも 下の かいです

ブタさん

わたしより 上には だれも
すんでいないね

トラさん

トラさんの 2かい 下に すんでいます

ウシさん

へんそうした ドボロンは
1かいの じゅうにんだと いう
ことを わすれないでね

**2のヒント▼**

ふたりが いっしょに 生まれてくるのが、ふたご。でも、いっしょに 生まれてくるのが ふたりだけとは かぎらないよね。

答え▶153ページ　ヒント▶63ページ

# 親ふこうな カエルの 子？

**62** ある 池に、アマガエルの 親子が いるよ。お父さんガエルは、このあたりで いちばん きれいな 声の もちぬしとして ゆうめいで、鳴いていると 鳥や 虫や 魚が あつまってくるんだ。でも、子どもたちは、お父さんが どんなに 一生けんめい 教えても、まったく 鳴こうと しないらしい。どうしてか わかるかな？

答え▶154ページ　ヒント▶137ページ

# カニさんの 紙切りあそび②

レベル3

## 63

紙を 切るのが 大すきな カニさんが、また 紙を チョキチョキ、チョキチョキ。下の 絵のように おり紙を２回 おった あと、切って ひらくと、どんな形が できあがるかな？ あ～うの なかから えらんでね。

25のヒント▼

3つ目の ヒントから、ぬいぐるみは 右はしの はこにも 入って いない ことが わかるね。

答え▶154ページ

# ことしの　プレゼントは？

**64**

サンタクロースが　はなちゃんから　手紙を　もらったよ。でも、なにが　かいてあるか　わからないんだって。どうやら、ふうとうに　かかれた　ことばが　ヒントみたい。手紙には　はなちゃんが　クリスマスに　ほしい　ものが　かいてある　はずなんだけど……。なにか　わかるかな？

サンタさんへ
うるかのぬうぐるてと
あうどるてたうになれ
るまうくもほしうです
たのしてだな！

はな

59のヒント▼
ルールを まもることは たしかに だいじだけど、ときには、わくから はみ出(だ)す ことも ひつようだよ。

# かくれ家を　さがせ！

## 65

かいとうドボロンから ちょうせんじょうが とどいた。かかれている なぞを といて、ドボロンの かくれ家を 地図の ❶〜❹の なかから さがしあてよう。

ひさしぶりだな。
おれさまは 今、さいきん 見つけた
新しい かくれ家に いる。
そのばしょの ヒントは ずばり、

マ１　ラ３　ア２　ヤ１　ナ４

だ。もし このなぞが とけるなら、地図の
なかから おれさまの かくれ家を さがしだ
して みるんだな。

かいとうドボロン

53のヒント▼

「答えがすぐ わかった！」と 思ったそこのきみ。だれかを わすれていないか、もういちど よく 考えてみよう。

# ふしぎな　くるくるマシン

**66**

天才科学者の オオカミはかせが、新しい はつめいひん「くるくるマシン」を つくったよ。いろいろな カードを 思いどおりに くるくる 回せる きかいなんだって。さあ、はかせの 話を 聞いて、しつもんに 答えてみよう。

37のヒント▼

キツツキさんがうけとったのは、はがき。「は」が「き」だよ。

くるくるマシンに この青い やじるしが かかれた カードを セットして、よこに 1回 回すと、赤いやじるしが 出てくるぞ

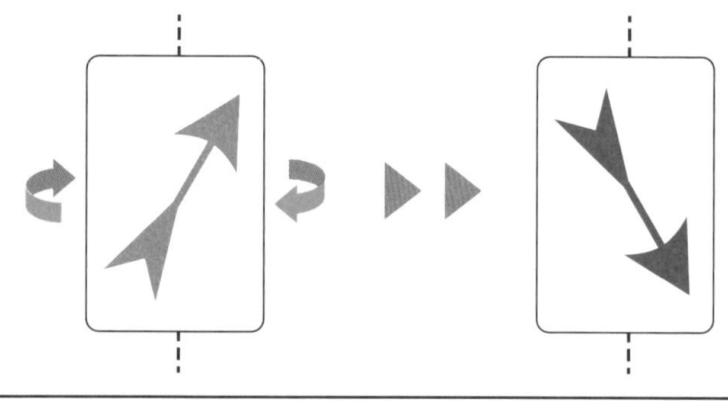

では、ここで きみたちに もんだいだ。

1 このカードを こんどは たてに 回すと、なにが 出てくるかな？

2 そして、そのあと さらに もう1回 カードをよこに 回すと、なにが 出てくるかな？

あ〜えの なかから えらんでごらん

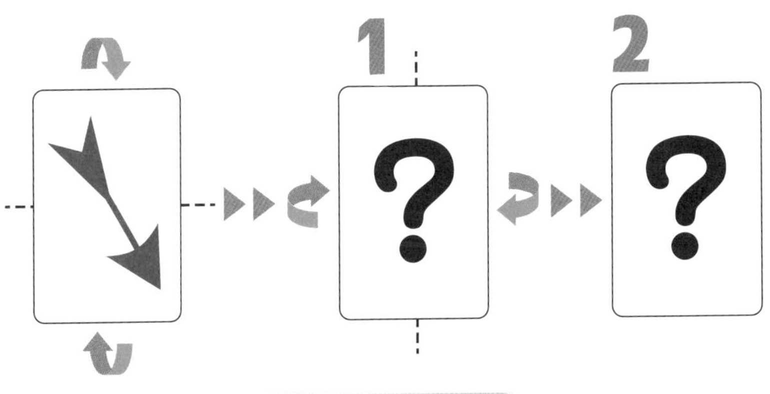


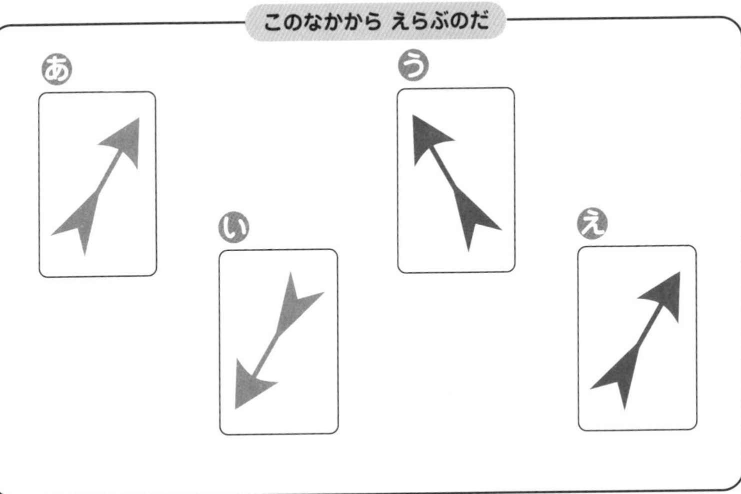


14のヒント▼ かげの むきに ちゅうもくすると……。かんたんだね！

# みんなの カードは なに？

## 67

ゾウさん、ウサギさん、ライオンさん、ネズミさんの 4人が、トランプで あそんでいるよ。今、みんなは 右の 4まいの カードの どれかを 1まいずつ もっている。それぞれの 話を 聞いて、だれが どのカードを もっているか あてよう。

## 4人が もっている カード

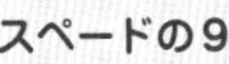

スペードの9　ハートの2　ダイヤの6　クラブの3

ぼくの カードの 数字は ウサギさんより 大きいみたい

わたしは 黒いマーク。数字は ウサギさんより 小さいな

**5のヒント▼**

やぶれた ところを よく 見てみよう。どっちがわから やぶれているかな?

答え▶154ページ　ヒント▶77ページ

# かいとうドボロンを おえ！

**68**

かいとうドボロンを おって、かくれ家に やって来たよ。ところが、なかは めいろに なっていた！ とちゅうに いる ドボロンの 手下に 見つからないように 気を つけて、ゴールを めざそう。

見てよ！　このめいろの なかの とびらは ぜんぶ どちらか かた方からしか あけられない！　いちど 通った 道は 引きかえせないと いう ことだね……

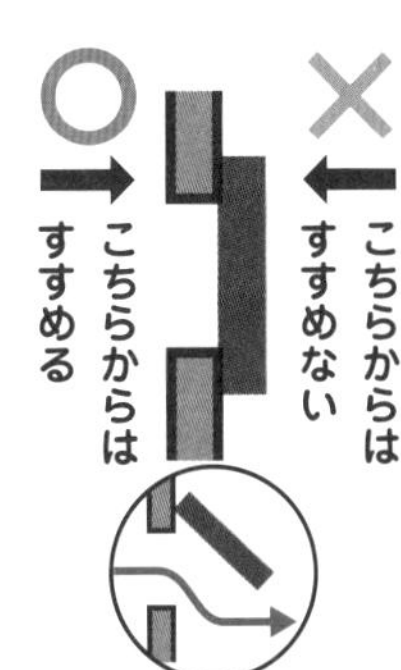

ゴール

さらばだ！

答え▶159ページ

# ゆかいな　えんそう会（かい）

## 69

6人（にん）で、いろいろな　がっきを　つかって　えんそう会（かい）をすることに　なったよ。左（ひだり）の　子（こ）から　じゅんばんに　音（おと）を鳴（な）らしているね。なんと　いう　きょくを　えんそうしているか、わかるかな？

なんと いう きょくかと いわれても……
がっきの 名前(なまえ)だけじゃ きょくの
だい名(めい)なんて わからないよ……

う会

タンバリン

ピアノ

ウクレレ

答(こた)え▶155ページ　ヒント▶20ページ

# なぞの　しょうたいじょう

70

クイズずきの ネコさんから イヌさんへ、ふしぎな しょうたいじょうが とどいたよ。いったい なんと かいてあるのかな？

9    を

   2

  9 だ  。

28のヒント▼
みんながもっている数字はなにをあらわしているのかな？

答え▶155ページ　ヒント▶65ページ

# 黒ばん らくがき じけん？

レベル3

**71**

教室に 新しい 黒ばんが きたよ。そこで 先生は みんなに「らくがきを しないように」と ちゅういしたんだけれど、つぎの 日の 朝、先生が 教室に 入ると、黒ばんに なにか 文字が かかれていた。でも ふしぎな ことに、先生は それを 見て「先生が 言った ことを ちゃんと まもっているね」と 言ったんだ。黒ばんには いったい なんと かいてあったのかな？

答え▶156ページ ヒント▶33ページ

# きょうは なにを 食べた？

**72**

ネコ太さんの 家ぞくが レストランで ごはんを 食べたよ。メニューは、カレーライス、スパゲッティー、うどん、ハンバーグの 4つで、みんな べつべつの ものを たのんだよ。それぞれ なにを 食べたのかな？ しょくじを おえて デザートを 食べている 4人の 話から あてよう。

わたしが 食べたのは カレーライスじゃ ないよ

お姉さん

つるつるしていて、おいしかった！

ネコ太さん

**66のヒント▼**

カートの うらがわに ある やじるしが どちらを むいて いるかを よく 考えよう。

「つるつるしていて、おいしい」 と いう ことは ネコ太さんが 食べたのは あれか あれだね

お父さんは、めずらしく カレーライスでも ハンバーグでも ない ものを たのんだね

きょうは、ちがう ものを 食べたかったんだ。うどんも おいしそう だったから、こんど 食べる ことに しよう

お母さん

お父さん

43のヒント▼

手紙の 上の イラストを もとに、きごうに 入る ひらがなを あてはめてみよう。

# ひとふで書き できるかな？

## 73

あ～えの 絵の なかで、ひとふで書きが できる ものは どれかな？　ただし、ひとつだけとは かぎらないよ。

18のヒント▼

おすもうさんの ことは「すもうとり」とも よぶね。「す」「も」「う」とり だよ。

**ひとふで書きの ルール**

- いちど かきはじめたら かきおわるまで えんぴつを 紙から はなしては いけないよ
- 線と 線が 交わっても いいよ。でも、同じ 線を 2回 かいては いけないよ



答え▶156ページ

# 楽しかった　海外りょ行？

サルさんが、夏休みに オーストラリアに 行ったと じまんしているよ。「日本が 夏の とき、オーストラリアは 冬だから、カレンダーは 1月だった」と 言うんだ。でも、ネコさんは この話を 聞いて、サルさんが うそを 言っていると 気づいたよ。どうしてわかったのか、あててみてね。

**52のヒント▼**

ケーキは ぜんぶで なんます分 ある？ それが わかれば、ひとりの ケーキの 大きさを なんますに すれば いいか わかるね。

# だれが 一番 はやい？

どうぶつ学校の うんどう会が ひらかれたよ。100メートルきょうそうを したけど、しんぱんが よく 見ていなくて、1いが よく わからない。いったい だれが 1いなのか、しゃしんを 見て あててね。

ブタさん
パンダさん
リスさん

ネコさん
イヌさん
タヌキさん

答え▶156ページ　ヒント▶71ページ

# カニさんの 紙切りあそび③

**76**

紙を 切るのが 大すきな カニさんが、またまた 紙を チョキチョキ、チョキチョキ。下の 絵のように おり紙を2回 おった あと、切って ひらくと、どんな形が できあがるかな？ あ～えの なかから えらんでね。

6のヒント▼ キリンさんの 目は ひとつじゃ ないよ。

あ

い

う

え

62のヒント▼

みんなは カエルの 子どもを 見たことは あるかな？
もし あるのなら、すぐに わかるはず！

答え▶157ページ 

# ゆうびんやさんの 大(だい)ピンチ

**77**

ゆうびんやさんが、マンションに 手紙(てがみ)を とどけに 来(き)たよ。とどける あいては、5人(にん)なんだけれど、どの手紙(てがみ)も、とどけ先(さき)の へや番(ばん)ごうが かかれていない！ しかも このマンション、ちょっと かわっていて、じゅうにんの 名前(なまえ)が ぜんぶ マークで かいてあるみたいだ。だれが どのへやか、わかるかな？

## 手紙(てがみ)の とどけ先(さき)

ゴリラさん

リスさん

ラクダさん

クマさん

パンダさん

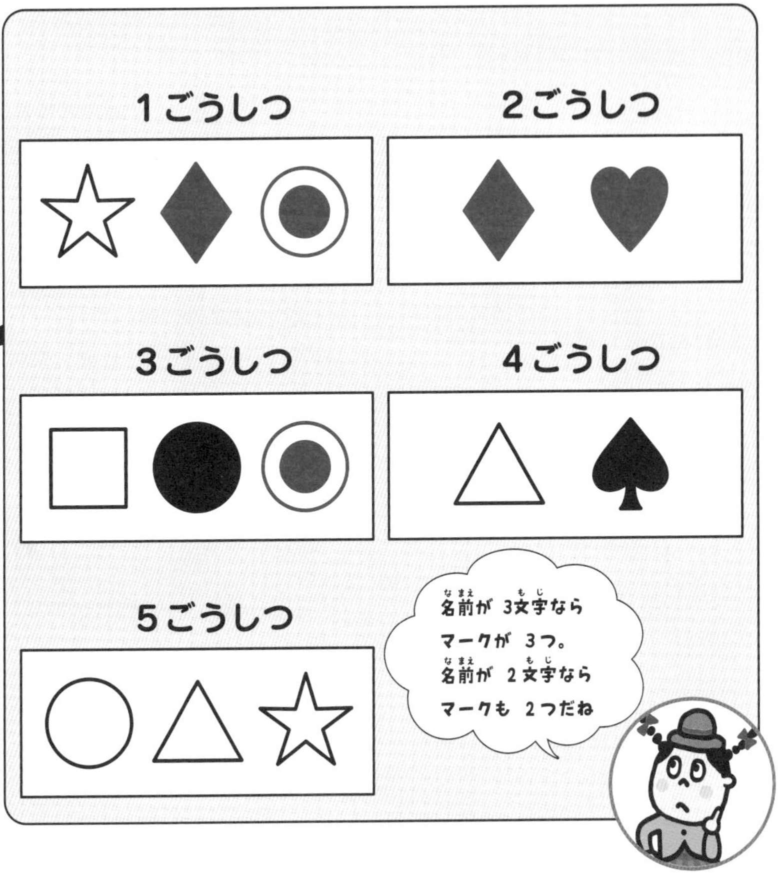

1ごうしつ

☆ ◆ ◉

2ごうしつ

◆ ♥

3ごうしつ

□ ● ◉

4ごうしつ

△ ♠

5ごうしつ

○ △ ☆

名前(なまえ)が 3文字(もじ)なら
マークが 3つ。
名前(なまえ)が 2文字(もじ)なら
マークも 2つだね

36のヒント▼ 数字(すうじ)や マークの むきにも よく ちゅういしよう。

答(こた)え▶157ページ ヒント▶105ページ

# レベル1の答え

**1** （10ページ）

## なかよくしよう

手紙には いろいろな 食べものの 名前が かかれているように 見えるが、文字を よこではなく たてに 読むと、それぞれの 食べものの 1文字目が つながって「なかよくしよう」と 読める。

---

**2** （11ページ）

## ふたごでは なく みつごだから（よつごや いつつごなども せいかい）

同じ 年の 同じ 日に いっしょに 生まれるのが ふたりだけとは かぎらない。ほかにも ゾウさぶろうくんが 生まれていて、みつごだと すれば、ふたごでは ない ことに なる。

---

**3** （12ページ）

## 答えは158ページ

ショッピングモールに いる なかで、ぼうしを かぶっているのは、たんていの 3人 いがいだと ぜんぶで 9人。そのなかで 四角い 形の かばんを もっている 子を さがすと 4人まで しぼる ことができ、そのうち 丸い 形の メガネを かけているのは アイスクリームやに ならんでいる 子だけ。

---

**4** （14ページ）

## こんど うらやまで ばけくらべを して あそぼう!

手紙の さしだし人は「たぬき」さんなので、かいてある 文字の「た」を ぬいて 読むと いみが わかるように なっている。

1行目は「こんど」、2行目は「うらやまで」、3行目は「ばけくらべ」、4行目は「をしてあ」、5行目は「そぼう!」に なる。

※「ばけくらべ」とは ほかの すがたに ばけて、それが どちらが うまいかを くらべること。

---

**5** （16ページ）

## お兄ちゃん

ふすま紙は、外がわから あなを あけると やぶれた 紙は 内がわに、内がわから あなを あけると やぶれた 紙は 外がわに とび出る。今回は やぶれた 紙が 外がわに とび出ているので、あなを あけたのは 内がわに いた お兄ちゃんと いう ことに なる。

## 6 （17ページ）

### かた方の 目だけを ぎゅーっと つぶって、もうかた方の 目で かがみを 見る

キリンさんの お父さんは、「目を ぎゅ～っとつぶって」とは 言ったが「りょうほうの 目を つぶって」とは 言っていない。目は ふたつ あるので、かた方の 目だけを つぶれば かがみに うつった 自分を 自分の 目で 見る ことが できる。

---

## 7 （18ページ）

### 上から 2だん目、右から 2番目の たな

すいくんの 話から、ファイルが あるのは 上から 1だん目か 2だん目で、ベアボスが「時計より 下の だんに おいた」と 言っているので、ファイルが あるのは 上から 2だん目。

また りーちゃんは「右から 2番目の れつに かたづけた」ので、上から 2だん目の 右から 2番目の たなに ファイルが ある ことが わかる。

## 8 （20ページ）

### かえるの くにの おうさまに なるぞ（カエルの 国の 王さまに なるぞ）

どこからでも いいので、はっぱに かかれた 文字を ひとつとばしで 読んでみると「かえる」や「おうさま」などの ことばが ある ことが わかる。これらのことばを 手がかりに すると、「かえるのくにのおうさまになるぞ」という 文がうかび上がる。

---

## 9 （22ページ）

### あ

かがみの なかでは 右手が 左手に、右足が 左足に 見える。そのため、左に いる ネズミさんは 右足を 前に 出しているように、右に いる ネズミさんは 左手を 上げているように 見えるはずなので、ふたつの とくちょうに あてはまる あが 正しいと わかる。

## 10 (24ページ)

## ゴリラさん

ゆうしょうは かった 回数が いちばん 多い 子。しゃしんに うつっているのは 手だけだが、手の 形や きている ものから、うでが 茶色なのは サルさん、しましまの ふくは チンパンジーさん、オレンジ色の ふくは ゴリラさんで、手が はさみなのは カニさんだと わかる。あとは それぞれの しゃしんを 見て、だれが なん回 かったかを 数えれば よい。

かった 回数は サルさんが 0回、チンパンジーさんが 2回、ゴリラさんが 3回、カニさんが 1回なので、ゆうしょうは ゴリラさん。

---

## 11 (26ページ)

## あいどる(アイドル)に なれますように

ウサギさんの ねがいごとと 七夕の かざりは 同じ 形を している。かざりに かかれた 文字を ねがいごとの 同じ 形の ところに あてはめると、「あいどるになれますように」と 読める。

---

## 12 (28ページ)

## か

みんなで 同じ 日の 同じ 時間に こいのぼりを 見に行ったなら、こいのぼりは 同じ ほうこうを むいて およぐはず。はんたいむきに およいでいる しゃしんが べつの 日に とった ものだと わかる。

---

## 13 (30ページ)

## またきてね

ボールに かかれた 数字は、それぞれの どうぶつの 名前から なん番目の 文字を とり出せば 正しい メッセージに なるかを あらわしている。

数字の とおり、クマの 2文字目、ブタの 2文字目、タヌキの 3文字目、テナガザルの 1文字目、ネズミの 1文字目を 組みあわせると、「またきてね」と なる。

---

## 14 (32ページ)

## パンダさん、イヌさん、ウサギさん

## (図は 158ページ)

かげは たいようと はんたいがわに できるので、このしゃしんでは 手前がわに できるはず。そのため、かげが 手前ではない ほうこうに できている 3人が いたずらで くわえられた 子だと わかる。

---

**15** (34ページ)

## つくえの ひきだしの なか

この手紙は 近くにいる カタツムリの からのように、ぐるぐるとうずを まくように 読むと いみがわかるように なっている。

右下から カタツムリの からと同じように 時計と はんたい回りに 読んでいくと、「きみたちのおやつはつくえのひきだしのなかにかくした」と なる。

---

**16** (36ページ)

## たる

イヌさんと ペンギンさんが へんしんマシンに 入れた ものと 出てきた ものの 名前を、1文字ずつ ばらばらに して くらべてみる。すると、「い」→「う」、「し」→「す」、「あ」→「い」、「め」→「も」と、入れた ものの 名前の 文字が 五十音の つぎの 文字に かわっていることが わかる。

同じように 考えると、ヒツジさんが もってきた そりは、「そ」→「た」、「り」→「る」に かわって、たるに なる。

**17** (38ページ)

## クマさん：5こ
## イヌさん：6こ
## ウサギさん：7こ
## ゾウさん：8こ

つみ木は なにも ない ところには おけないので、つみ木が 2だんに なっていたら、下にも つみ木が かくれている。クマさん、イヌさん、ウサギさんは、見えている ものの ほかに つみ木が ひとつ かくれているので、それぞれの数は 5こ、6こ、7こ。

ゾウさんだけは つみ木が ふたつ かくれているので、数は 8こ。

---

**18** (40ページ)

## こんど けいこを みにきてください。

おすもうさんは すもうとりとも いうので、へんじの 手紙に かかれている 文字から「す」「も」「う」を とりのぞくと、いみが わかるように なる。

3つの 文字を すべて とりのぞくと、「こんどけいこをみにきてください。」という 文に なる。

**19** （41ページ）

## イチゴ、バナナ、リンゴ、ジュース

ポスターに かかれている 数字を、声に 出して 読んでみると、1は「イチ」、5は「ゴ」、7は「ナナ」、10は「ジュウ」と なって、前や 後ろに くっついている 文字と いっしょに 読むと、食べものや 飲みものの 名前になる。

---

**20** （42ページ）

## 入れる

「ある」の しなものは すべて、イチゴ→ 1（イチ）5（ゴ）、肉→2（ニ）9（ク）、サンドイッチ→3（サン）ドイッチ、クレヨン→クレ4（ヨン）、ゴボウ→5（ゴ）ボウと いうように、名前の なかに 数字が 入っている。

クマさんが もってきたのは はちみつで、名前に 8（ハチ）が 入っているので、ゆうえんちに 入れる。

**21** （44ページ）

## 2週間後の 2日の 日

「おはかで 読め」という ことばの とおり、よこくじょうの「お」は「か」に かえて 読む。

すると、「かめさんがたかいかねをだしてかったたからものをにしゅうかんごのふつかのひにいただくからな（カメさんが 高い 金を 出して 買った たからものを 2週間後の 2日の 日に いただくからな）。」と かいてある ことが わかる。

---

**22** （45ページ）

❶はるやすみ

❷うちゅうじん

❸メリーゴーラウンド

**23** （46ページ）

### あそびに きてね

1まい目の 紙と 2まい目の 紙を よく 見ると、2まい目の 紙に かかれている 形が、1まい目の 紙に かかれている カメの こうらと 同じ 形を している ことが わかる。

1まい目の こうらの なかに かかれた 文字を、2まい目の それぞれの 形に あう ところに あてはめて、やじるしの とおりに 左から つづけて 読むと、「あそびに きてね」と 読める。

---

**24** （48ページ）

### い

## レベル2の答え

**25** （50ページ）

### 左の はこ：ぬいぐるみ
### まんなかの はこ：スーパーボール
### 右の はこ：ヨーヨー

ひとつ目の話から、ぬいぐるみが 入っているのは 左の はこか 右の はこに しぼられ、3つ目の 話から、右どなりに はこが ある 左の はこだと わかる。

3つ目の 話から、スーパーボールが 入っているのは、ぬいぐるみの 右どなりの まんなかの はこ。のこった ヨーヨーは 右の はこに 入っている。

---

**26** （51ページ）

### 答えは 158ページ

ピザの まんなかの 6ピースは、ベーコン、エビ、マッシュルームが それぞれ となりあっている。ぐざいを みんなに ひとつずつ わけるには、となりあった ぐざいは かならず 切りわけないと いけない。となりあった ぐざいを 切りわけると、ちょうど すべての ぐざいが ひとつずつの ピザに なる。

**27**（52ページ）

## 答えは 158ページ

---

**28**（54ページ）

## にじが 出たから

みんなが もっている 数字は、四角の なかの なん番目の 文字を えらべば よいかを あらわしている。

カタツムリは 2なので「に」、カエルは 2なので「じ」、ネコは 1なので「が」、カッパは 4なので「で」、カメは 1なので「た」で、つづけて 読むと「にじがでた」となる。

---

**29**（56ページ）

## リスさん

キツネさんが うそを ついているとしたら、キツネさんと リスさんは キツネさんを、タヌキさんは リスさんを はんにんだと 言っている ことに なるので、おかしい。

タヌキさんが うそを ついているなら、自分は はんにんでは ないと 言う キツネさんと、キツネさんが はんにんだと 言う リスさん、どちらも 本当の ことを 言っている ことに なり、これも おかしい。

さいごに、リスさんが うそを ついているなら、自分は わっていないと 言う キツネさんと、リスさんが はんにんだと 言う タヌキさんの 言う ことが あうので、花びんを わってしまったのは リスさんだと わかる。

---

**30**（57ページ）

## トド

もんだい文には「とどいたのが 大きな ケース」と かいてある。これは「大きな ケースにトドが いた」という いみに 読む ことも できる。トドならば「遠い 海から 来る」と いう 文にも あてはまる。

---

**31**（58ページ）

## ハムスター

まず みんなの 話を きいて、はんにんでは ない どうぶつを さがす。

ひとり目の 話から、はんにんは スズメと カラスでは ない。またふたり目は「耳が 長く なかったよ」と 言っているので、はんにんは ウサギでは ない。3人目の 話からは、ネズミでは ない ことが わかる。そして 4人目の 話から、はんにんは しっぽが みじかいと わかるので、ネコ、リスは はんにんでは ない。

そのため、のこった ハムスターが はんにんだと わかる。

---

**32** (60ページ)

## なきごえを ききたかったら あさ はやおき しようね!

手紙の さし出し人は「ことり」さんと「にわとり」さんなので、名前の とおりに 文から「こ」と「にわ」を とりのぞけば、いみが わかるように なっている。

1行目は「なきごえ」、2行目は「をきき」、3行目は「たかったら」、4行目は「あさは」、5行目は「やおきし」、6行目は「ようね!」で、つづけて 読むと「なきごえをききたかったらあさはやおきしようね!」と なる。

**33** (62ページ)

## チョウが かかれた 石

「ある」の 方の ことばの 後ろに つくかどうか、6つの 石に かかれた ものの 名前で ためしてみると、6つの うち 5つは うまく いかない。

しかし、「チョウ」は「せんちょう(船長)」、「ガチョウ」、「てちょう(手ちょう)」、「ほうちょう」と、すべての ことばの 後ろに つく。

---

**34** (64ページ)

## ウサギさん:チョコアイス トラさん:バニラアイス ヒツジさん:フルーツパフェ

ヒツジさんの 話から、ヒツジさんが 食べたのは コーンに のっていない フルーツパフェ。

トラさんは「ぼくが 食べたのは チョコあじじゃ ないよ」と 言っているので、食べたのは バニラアイスだと わかる。

のこった ウサギさんが 食べたのは、フルーツが のっていない チョコアイスに なる。

## 35 (66ページ)

**きみの えがおは とても すてきです。かがみの くにから、いつも おうえんしているよ。王子より**

かがみの 国からの メッセージカードなので、かがみに うつしたときのように 文字が 左右はんたいに なっている。

手紙を かがみに うつして 読むと、はんたいに なっていた 左右が もとどおりに なって 正しく 読めるように なる。

---

## 36 (68ページ)

**(う)**

もし 家に 本ものの トランプが あったら 見くらべて、まちがって いる ところを さがすと よい。

(あ)は 右下の マークと 数字が、さかさまに なっていないのが まちがい。(い)は、まんなかに ある 3つの マークの いちばん下だけ さかさまに なっているのが 正しく、3つとも 上むきに なっているのは おかしい。(え)は 左上と 右下に「12」と かいてあるのが まちがい(本ものは「Q」と かいてある)。

まちがっている ところが ない カードは (う)と いう ことに なる。

## 37 (70ページ)

**きのう きつつきさんが くれた きみどりの きものを きたよ。とても きに いったから、きょうも きてるよ! きつねより**

**キツネさんから**

キツツキさんが うけとったのは「はがき」なので、かかれている 文字の「は」を「き」に かえると いみが わかるように なっている。

「はのう」は「きのう」、「はつつは」は「きつつき」となり、おくりぬしの「はつね」は「きつね」のことだと わかる。

---

## 38 (72ページ)

**たて**

ヒント❷に よれば、でんせつの どうぐは、おめんと 王かんの あいだに ある、本、たて、かぎ、こうすいの どれかと いう ことに なる。しかし ヒント❶で、でんせつの どうぐは「紙で つくられていない ものじゃ」と 言っているので、本では ない。

また ヒント❸から、となりに 時計が ある たてが でんせつの どうぐだと わかる。

## 39 （74ページ）

**い**

**（かき方の 例は 158ページ）**

6つの 絵を じっさいに かいて みると、どれが ひとふで書き できるかが わかる。このうち 5つは ひとふで書き できるが、いの かばんだけは、同じ 線を 2回 かかないと、かけない。

---

## 40 （76ページ）

**きょうの ほうかごは こうえんで あそぼうね！**

ヒントの 紙に かかれた 太い 線を よく見ると、ばらばらに なった 手紙を パズルのように うまく あてはめられる ことが わかる。

4まいの てがみを、それぞれの 形に あう ところに おくと、左上から「きょうのほうかごはこうえんであそぼうね！」と 読めるように なる。

## 41 （78ページ）

**1い：日本カブト**
**2い：ネプチューン**
**3い：ヘラクレス**
**4い：コーカサス**

1まい目の しゃしんから、ネプチューンは ヘラクレスより 前の じゅんいだと わかる。また 3まい目の しゃしんに よれば、コーカサスは ヘラクレスよりも 後ろに いて、2まい目の しゃしんから、コーカサスの 後ろには なにも いない。日本カブトは 4まい目の しゃしんで ネプチューンより 前に いる。

わかった ことを まとめると、1いから 日本カブト、ネプチューン、ヘラクレス、コーカサスの じゅんばんだと わかる。

---

## 42 （80ページ）

**い**

**（ルートは 158ページ）**

ぶらんこは いちばん 左下に あるので、そこから メモに ある とおりに ます目を 数えながら すすむと、いの 木が ある ますに つく。

**43** (82ページ)

## どうぶつえん

手紙の 上半分では、絵に かかれた ものの 名前が マークで あらわされている。左の 絵は「うどん」、まんなかの 絵は「えんとつ」、右の 絵は「ぶどう」なので、これらを あてはめると、それぞれの きごうが あらわす 文字が わかる。

それから 手紙の 下半分の 同じ マークが ある ばしょに 文字を あてはめれば、♤が「ど」、♡が「う」、□が「ぶ」、◎が「つ」、♧が「え」、♢が「ん」で、「どうぶつえん」と なる。

---

**44** (84ページ)

## ❸

カードを たてに ひっくりかえすと、やじるしは 上下が はんたいに なるが、よこに 回した ときは、上下の むきは かわらない。

このカードは さいしょに たてに ひっくりかえしたとき 、うらがわの 青い やじるしも 上下はんたいに なっている。そのあとは よこに 回したので 上下は はんたいのままで、❸が 正しい。

---

**45** (86ページ)

## 答えは 159ページ

答えは 159ページ

---

**46** (88ページ)

## 火を おこす かかり：キリギリス
## りょうりを する かかり：アリ、テントウムシ
## かたづける かかり：トンボ

まず ヒントから どのマークに なんの 文字が 入るかを 考える。上の ふたつは「オムスビ」と「ニギリメシ」、下は 「テント」が せいかい。

どのマークに なんの 文字が 入るかが わかったら、かかりの ところに かかれた マークに 文字を あてはめていけば、キリギリスや アリなどの 名前が 出てくる。

---

**47** (90ページ)

## い

さいころは むかいあう ふたつの めんの 目を たすと、かならず 7に なる。そのため、1の むかいは 6、2の むかいは 5、3の むかいは 4と きまっている。

ところが (い)は 3と 4が となりどうしで、むかいあっていないので、しっぱいした ものだと わかる。

---

## 48 (91ページ)

### 4い

せんとうの ウサギさんと そのつぎに 走(はし)っていた イヌさんは だれも ぬかしていないし ぬかされても いないので、1いは ウサギさん、2いは イヌさん。

3いだった トラさんは サルさんに ぬかされて、そのときは 3いが サルさん、4いが トラさんに なった。

そのあと、5いだった キツネさんが サルさんを ぬいて 3いになっているので、ゴールした ときは キツネさんが 3い、サルさんが 4い、トラさんが 5いだと わかる。

---

## 49 (92ページ)

### (う)

まず はこに かいてある 虫(むし)の 名前(なまえ)が なにかを 考(かんが)えると、(あ)は かぶとむし、(い)は だんごむし、(う)は てんとうむし、(え)は あかとんぼに なる。

このうち かぶとむしは ①と③、だんごむしは ③、あかとんぼは ①と②しか あてはまらない。てんとうむしだけが ①②③の すべてに あてはまる。

---

## 50 (94ページ)

### ハッピー！

ウサギさんの 足(あし)に ちゅうもくすると、「ハッピー！」の ときは 右足(みぎあし)を ゆかに つけ、「ざんねん！」の ときは 左足(ひだりあし)を ゆかに つけている。さいごは 右足(みぎあし)が ゆかに ついているので、「ハッピー！」に なる。

# レベル3の答え

## 51 (96ページ)

### 右の かがみ

りーちゃんが 右手に 虫めがねを もっている ことに ちゅうもくする。かがみの なかでは 右と 左が はんたいに なるので、かがみの なかの りーちゃんは 左手に 虫めがねを もっているのが 正しい。

前の かがみと 後ろの かがみでは 左手に 虫めがねを もっているが、右の かがみでは 左手に なにも もっていないので、右の かがみが おかしいと わかる。

---

## 52 (98ページ)

### 答えは 159ページ

---

## 53 (100ページ)

### 9人

1回目で ふたり、2回目で 3人、3回目で ふたり つかまったので、3回目までに つかまったのは あわせて 7人。

さいごに のこっているのは ひとりだが、おにが ひとり いるので、7人に ふたりを たして 9人で あそんでいた ことが わかる。

---

## 54 (101ページ)

### すみ

「はく」と いう ことばは、ほうきなどで はく ことの ほかに、なにかを はき出す ことも あらわす。

タコの てんいんさんが はき出す ものと いえば「すみ」。へやの かどの ことも「すみ」と いうので、てんいんさんが かんちがいしたのだと わかる。

---

## 55 (102ページ)

### 教会

手紙に かかれた 形を まんなかで 切ると、かがみに うつした ときのように 右と 左で 同じ ものが はんたいむきに かかれている ことが わかる。

まんなかから 右だけを、本を よこにして 読むと、「オシロノトナリノキョウカイ」となり、教会に 行けばよいと わかる。

**56** （104ページ）

## パセリ

お父さんから メモを うけとる ときに 言われた とおり、------は 谷おり、-—-—-は 山おりに すると、パセリと いう 文字が あらわれる。

---

**57** （106ページ）

## 行きは 下り坂で 帰りは のぼり坂 だったから

---

**58** （107ページ）

**イヌくん：100点**
**ブタくん：60点**
**サルくん：90点**
**タヌキくん：50点**

イヌくんと タヌキくんの 話から、タヌキくんが 100点だと イヌくんの 点数が 100点を こえて しまうので、イヌくんが 100点、タヌキくんが 50点に なる。

ふたりの 点数が わかれば、サルくんは イヌくんの 100点より 10点 ひくい 90点、ブタくんは サルくんよりも 30点 ひくく タヌキくんよりも 10点 高い 60点だと わかる。

**59** （108ページ）

## 答えの 例は 159ページ

---

**60** （110ページ）

## マンドリルくん

かべに つけられた 青色の 手形は 左手の もの。そこで 6人の 手を よく 見てみると、左手が 青い 絵のぐで よごれているのは、マンドリルくんだけである ことが わかる。

---

**61** （112ページ）

## ブタさん

トラさんの 話から、トラさんが すんでいるのは、上に だれも すんでいない、いちばん 上の 4かい。また ウシさんは トラさんの 2かい 下なので、2かいに すんでいると わかる。

のこりは 3かいと 1かいだが、ライオンさんが 言うように「上にも 下にも、だれか すんでいる」のは 3かいの 方なので、ライオンさんが 3かい。

さいごに のこった 1かいに すんでいるのは ブタさんで、ドボロンは ブタさんに へんそうしているのだと わかる。

**62** (114ページ)

### カエルの 子ども(オタマジャクシ)は 鳴けないから

生きものの なかには、子どもの ときと おとなに なってからで、すがたが かわる ものも いる。カエルは これに あてはまり、子どもの ころは オタマジャクシで あしが なく、鳴く ことも ない。

---

**63** (115ページ)

い

---

**64** (116ページ)

### いるか(イルカ)の ぬいぐるみと あいどる(アイドル)みたいに なれる まいく(マイク)

ふうとうに かかれた「てがみ」と「うがい」の ふたつの ことばを つかって、手紙の なかの「て」を「み」、「う」を「い」に かえると いみが わかるように なっている。

「うるかのぬうぐるて」は「いるかのぬいぐるみ」、「あうどるてたうになれるまうく」は「あいどるみたいになれるまいく」に なる。

---

**65** (118ページ)

❶

ヒントにある カタカナは ア、ナ、マ、ヤ、ラで、すべて 五十音ひょうで いちばん 上に ある 文字。このヒントは、カタカナが「ア行から ワ行までの どの行を つかうか」、数字が「その行の なん番目の 文字を つかうか」を あらわしている。

つまり マ1は「マ」、ラ3は「ル」、ア2は「イ」、ヤ1は「ヤ」、ナ4は「ネ」となり、ドボロンのかくれ家は 丸い やねの ❶だと わかる。

---

**66** (120ページ)

1:い
2:う

---

**67** (122ページ)

### ゾウさん:ハートの2
### ウサギさん:ダイヤの6
### ライオンさん:スペードの9
### ネズミさん:クラブの3

ネズミさんの 話から、ネズミさんが もっているのは スペードの9か クラブの3。そして ネズミ

さんは ウサギさんより 数字が 小さくなければ ならない。そこから ネズミさんの カードは 4まいの なかで いちばん 数字が 大きい スペードの9 ではなく、クラブの 3だと わかる。

また ゾウさんの カードは 数字が 5より小さく、しかも ネズミさんが もっている クラブの3で はないので、ハートの2だと わかる。

のこり 2まいのうち、ウサギさんの カードは 赤い マークの ダイヤの6、ライオンさんの カードは ウサギさんより 数字が 大きい スペードの9と なる。

---

**68** (124ページ)

**答えは 159ページ**

---

**69** (126ページ)

**『かえるのうた』**

がっきから 出ている 音ぷの 数は、がっきの 名前の なん文字目を えらべば よいかを あらわしている。

カスタネットは ひとつなので「カ」、ふえは ふたつなので「え」、トライアングルは 7つなので「ル」、ピアノは 3つなので「ノ」、ウクレレと タンバリンは それぞれ ひとつなので「ウ」と「タ」となる。

あわせると「カエルノウタ」で、きょくの だい名は『かえるのうた』だと わかる。

---

**70** (128ページ)

**クリスマスかいを やります。あそびに きてください。**

この手紙は かかれている 数字や 絵を 文字に おきかえて 読む ことで、いみが わかるように なっている。

1行目は 左から「く」「リス」「ます」で、イカの 絵は さかさまに なっているので「かい」と 読む。2行目は「やり」と「ます」。3行目の 火に てんてんが ついているのは「び」で、そのつぎは 数字の「に」。4行目には 絵の「き」と「て」、数字の「く」が あって、さいごの 生きものは 角のある サイ。

これを つづけて 読めば、クリスマス会への しょうたいじょうだと わかる。

**71** （129ページ）

「らくがきするな」のような、らくがきを ちゅういする ことばが かいてあった

---

**72** （130ページ）

お姉さん：ハンバーグ
ネコ太さん：うどん
お母さん：カレーライス
お父さん：スパゲッティー

お母さんと お父さんの 話から、お父さんが 食べたのは ハンバーグでも カレーライスでも うどんでも ない。つまり、お父さんは のこった スパゲッティーを 食べたのだと わかる。

また ネコ太さんは「つるつるしていて、おいしかった」と 言っているので、食べたのは スパゲッティーか うどんだが、スパゲッティーを 食べたのは お父さんなので、ネコ太さんが 食べたのは うどん。

のこりは カレーライスと ハンバーグで、お姉さんは カレーライスを 食べていないので、お姉さんが ハンバーグ、お母さんが カレーライスを 食べたと わかる。

**73** （132ページ）

いうえ
（かき方の 例は 159ページ）

---

**74** （133ページ）

きせつは はんたいでも、カレンダーの 月は せかいの どこへ 行っても いっしょだから

日本と オーストラリアでは きせつが はんたいで、日本が 夏の とき オーストラリアが 冬に なるのは 本当。

ただし、日本でも オーストラリアでも カレンダーは 同じなので、カレンダーが 1月だったと いうのは サルさんの うそ。

---

**75** （134ページ）

ゴリラさん

1まい目の しゃしんから、じゅんに 前を 走っている どうぶつを さがしていけば よい。

1まい目の しゃしんで 一番前に いる ブタさんは、3まい目の しゃしんでは タヌキさんよりも 後ろに いる。

また 2まい目の しゃしんでは、

タヌキさんの 前に ネコさんと イヌさんが いて、さらに 5まい目の しゃしんでは ネコさんの 前に ゴリラさんが いる ことが わかる。

ゴリラさんよりも 前に だれかが いる しゃしんは ないので、ゴリラさんが 1いだと わかる。

---

**76** (136ページ)

**い**

---

**77** (138ページ)

**1ごうしつ：ラクダさん**
**2ごうしつ：クマさん**
**3ごうしつ：パンダさん**
**4ごうしつ：リスさん**
**5ごうしつ：ゴリラさん**

1ごうしつと 3ごうしつの 名前は、どちらも 3文字で さいごが ◉。そこから 1ごうしつと 3ごうしつは、名前が 3文字で さいごの 文字が 同じで ある ラクダさんか パンダさんで、◉は ダだと わかる。

そして 1ごうしつの 2文字目の ◆は ラクダさんの クか、パンダさんの ンの どちらか。ただし、2ごうしつの 名前は 1文字目が ◆なので、◆は ンでは なく クと きまる。

すると、1ごうしつの ☆◆◉が ラクダさん、2ごうしつの ◆♥が クマさん、3ごうしつの □●◉が パンダさんを あらわしていると わかる。

☆が ラと わかれば、3文字目が ☆の 5ごうしつは ゴリラさんで、のこった 4ごうしつは リスさんに なる。

**3** （12ページ）

かいせつは 140ページ

**14** （32ページ）

かいせつは 142ページ

**26** （51ページ）

かいせつは 145ページ

**27** （52ページ）

**39** （74ページ）

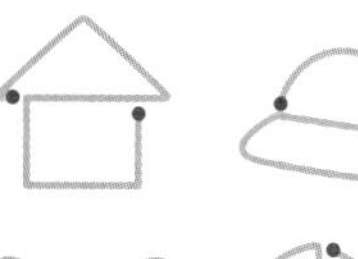

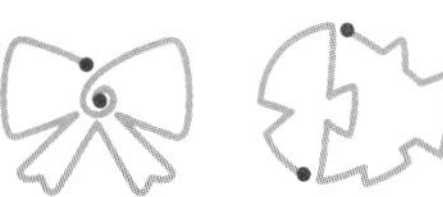

かいせつは
149ページ
※かき方は 一例です。

**42** （80ページ）

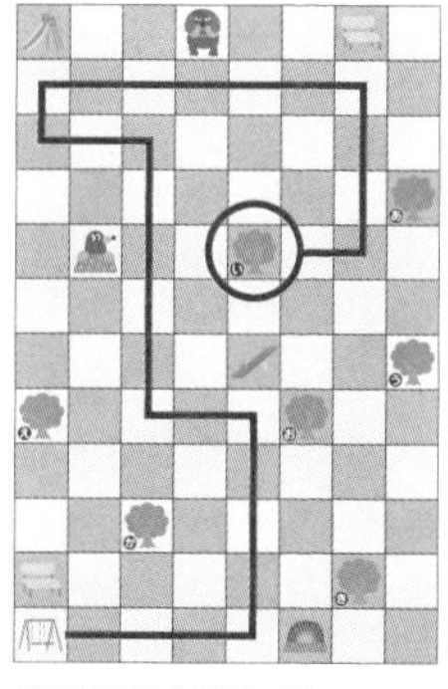

かいせつは 149ページ

## 45 （86ページ）

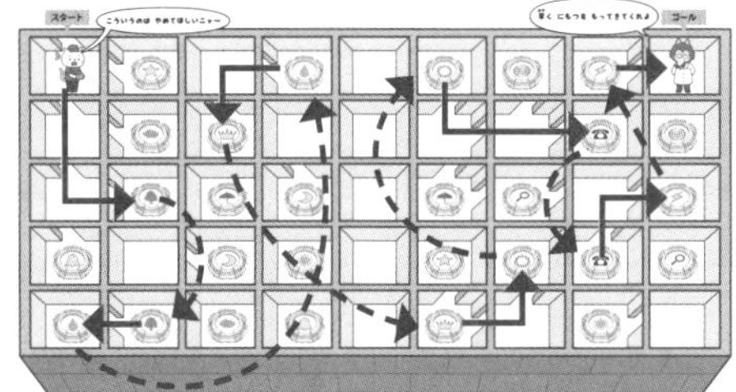


## 52 （98ページ）

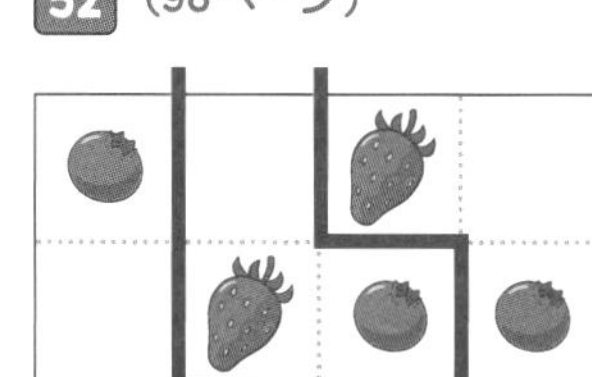

## 59 （108ページ）

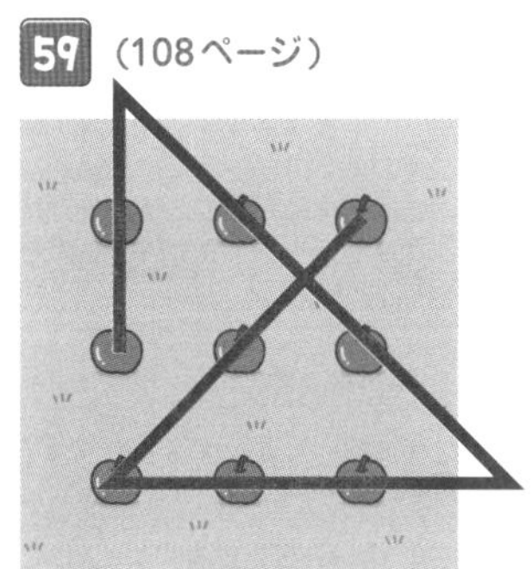

※一例です。

## 68 （124ページ）

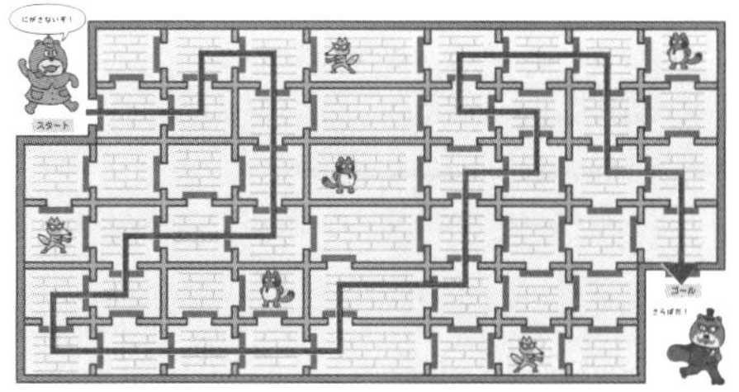


## 73 （132ページ）

●でかきはじめ、●で かきおわる。

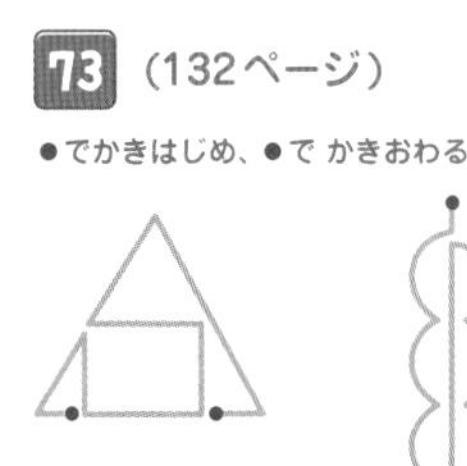

※かき方は 一例です。

【監修】 **瀧 靖之**（たき やすゆき）
**東北大学スマート・エイジング学際重点研究センター　センター長**
**東北大学加齢医学研究所教授　医師　医学博士　脳科学者**

東北大学加齢医学研究所及び東北メディカル・メガバンク機構で脳の MRI 画像を用いたデータベースを作成し、脳の発達や加齢のメカニズムを明らかにする研究者として活躍。読影や解析をした脳 MRI は、これまでにのべ約 16 万人に上る。
「脳の発達と加齢に関する脳画像研究」「睡眠と海馬の関係に関する研究」「肥満と脳萎縮の関係に関する研究」など多くの論文を発表している。
著書は、『生涯健康脳』（ソレイユ出版）『「賢い子」に育てる究極のコツ』（文響社）『脳医学の先生、頭がよくなる科学的な方法を教えて下さい』（日経 BP）はじめ多数、特に『生涯健康脳』『「賢い子」に育てる究極のコツ』は共に 10 万部を突破するベストセラーとなっている。監修した書籍に『あたまをきたえる！ なぞなぞ 1·2 年生』『あたまがよくなる！！なぞなぞ島』（共に成美堂出版）などがある。

【作】タカクボジュン、嵩瀬ひろし、土門トキオ（五十音順）
【絵】黒はむ、小林麻美、これきよ、TICTOC、つたざわあやこ、仲田まりこ（五十音順）
【装丁・デザイン】黒羽拓明
【DTP】Studio Porto（山名真弓）
【校正】塩沢尚子、有限会社一梓堂
【編集協力】五明直子、白井佑典（五十音順）
【編集制作】株式会社 KANADEL
【企画・編集】成美堂出版 編集部（原田洋介・芳賀篤史）

※本書では、章ごとに段階的に難しくなるようにレベル分けしています。各章で、レベル表示よりも難しい問題だと感じることもあると思いますが、ヒントを見ながらお楽しみください。少し難しいと感じる問題を考えるのが、成長のチャンスです。
※本書に登場する生物をモチーフとしたキャラクター等は、必ずしも実在の生物の外見や生態を忠実に表現することを意図したものではありません。

あたまをきたえる! すいりクイズ

監　修　瀧 靖之（たき やすゆき）
発行者　深見公子
発行所　成美堂出版
〒162-8445　東京都新宿区新小川町1-7
電話(03)5206-8151 FAX(03)5206-8159
印　刷　株式会社フクイン


ISBN978-4-415-33430-1
落丁·乱丁などの不良本はお取り替えします
定価はカバーに表示してあります